DOCUMENTOS DA CNBB - 62

CONFERÊNCIA NACIONAL DOS BISPOS DO BRASIL

Missão e ministérios dos cristãos leigos e leigas

Edição aprovada
Na 37ª Assembléia Geral da CNBB

Itaici-SP, 22 de abril de 1999

Direção geral: *Ivani Pulga*
Coordenação editorial: *Noemi Dariva*
Gerente de produção: *Antonio Cestaro*

13ª edição – 2010
4ª reimpressão – 2018

Nenhuma parte desta obra poderá ser reproduzida ou transmitida por qualquer forma e/ou quaisquer meios (eletrônico ou mecânico, incluindo fotocópia e gravação) ou arquivada em qualquer sistema ou banco de dados sem permissão escrita da Editora. Direitos reservados.

Paulinas
Rua Dona Inácia Uchoa, 62
04110-020 – São Paulo – SP (Brasil)
Tel.: (11) 2125-3500
http://www.paulinas.com.br – editora@paulinas.com.br
Telemarketing e SAC: 0800-7010081

© Pia Sociedade Filhas de São Paulo – São Paulo, 1999

SIGLAS UTILIZADAS

AA	Decreto *Apostolicam actuositatem* do Concílio Vaticano II
AG	Decreto *Ad gentes* do Concílio Vaticano II
CA	Encíclica *Centesimus annus* do Papa João Paulo II
CD	Decreto *Christus Dominus* do Concílio Vaticano II
CDC	Código de Direito Canônico
CERIS	Centro de Estatística Religiosa e Investigações Sociais
CfL	Exortação pós-sinodal *Christifideles Laici* do Papa João Paulo II
DGAE	Diretrizes Gerais da Ação Evangelizadora da Igreja no Brasil – CNBB
DH	Declaração *Dignitatis humanae* do Concílio Vaticano II
DP	Documento de Puebla – 3ª Conferência Geral do Episcopado Latino-Americano
EA	Exortação pós-sinodal *Ecclesia in America* do Papa João Paulo II
EN	Exortação pós-sinodal *Evangelii nuntiandi* do Papa Paulo VI

EV	Encíclica *Evangelium vitae* do Papa João Paulo II
GS	Constituição Pastoral *Gaudium et spes* do Concílio Vaticano II
LG	Constituição Dogmática *Lumen gentium* do Concílio Vaticano II
PO	Decreto *Presbyterorum ordinis* do Concílio Vaticano II
PRNM	Projeto Rumo ao Novo Milênio – CNBB
RMi	Encíclica *Redemptoris missio* do Papa João Paulo II
SC	Constituição *Sacrosanctum Concilium* do Concílio Vaticano II
SD	Documento de Santo Domingo – 4ª Conferência Geral do Episcopado Latino-Americano
TMA	Carta apostólica *Tertio millennio adveniente* do Papa João Paulo II
UR	Decreto *Unitatis redintegratio* do Concílio Vaticano II
UUS	Encíclica *Ut unum sint* do Papa João Paulo II

APRESENTAÇÃO

EXTRAORDINÁRIO FLORESCIMENTO

A renovação eclesial, após o Concílio Vaticano II, trouxe, no campo do laicato católico, notável florescimento de novas formas de associação e de apostolado. Notava-o o Santo Padre, quando após o Sínodo de 1987 escrevia: "Nestes tempos mais recentes, o fenômeno da agregação dos leigos entre si assumiu formas de particular variedade e vivacidade... Pode-se falar de uma nova era agregativa dos fiéis leigos" (CfL 29). No meio da variedade ou diversidade, o Santo Padre descobria também uma "profunda convergência" na finalidade das mesmas agregações: "a de participar responsavelmente da missão da Igreja de levar o Evangelho de Cristo, qual fonte de esperança para o homem e de renovação para a sociedade"

As novidades, porém, trouxeram algumas dúvidas que se manifestaram no Sínodo de 1987, particularmente acerca de dois aspectos: 1) o reconhecimento de novos movimentos, para os quais o Papa indicava os critérios de eclesialidade (CfL 30) e pedia ao Pontifício Conselho dos Leigos que elaborasse o elenco das associações aprovadas oficialmente pela Santa Sé (CfL 31); 2) uma melhor definição dos ministérios confiados aos leigos e uma possível revisão do "Motu Proprio" *Ministeria Quaedam* (CfL 23).

TEMA VASTO E COMPLEXO

Recentemente ainda, na Exortação *Ecclesia in America*, o Santo Padre afirma que o tema dos ministérios laicais é "vasto e complexo", que seu estudo prossegue e que os organismos da Santa Sé "vêm aos poucos oferecendo algumas diretrizes" sobre o assunto. Ao mesmo tempo, o Papa deixa claro que esse âmbito "intra-eclesial" do apostolado leigo não deve diminuir o empenho naquele que considera o campo "primeiro e mais condizente com o seu estado laical, o das realidades temporais, que [os leigos] são chamados a ordenar conforme a vontade de Deus" (EA 44). Esse campo é descrito com as palavras da *Evangelii Nuntiandi* como: "o mundo vasto e complicado da política, da realidade social e da economia, como também o da cultura, das ciências e das artes, da vida internacional, dos "mass media" e, ainda, outras realidades abertas para a evangelização, como sejam, o amor, a família, a educação das crianças e dos adolescentes, o trabalho profissional e o sofrimento" (EN 70, citado por CfL 23).

REALIDADE BRASILEIRA

Também na realidade brasileira, nos anos recentes, tivemos um extraordinário florescimento de novos ministérios a serviço das comunidades eclesiais, de novos movimentos animados por um ideal de evangelização da sociedade e de renovação da espiritualidade cristã, de novas formas de atuação laical no campo da política, da promoção dos direitos humanos e da solidariedade com pobres, excluídos e sofredores.

As novas formas de atuação de leigos e leigas católicos vieram acrescentar-se às mais antigas, muitas das quais ainda vivas e vigorosas, mas geralmente se orientaram no sentido da distinção, e até da separação, entre os dois campos tradicionais do apostolado leigo: as atividades "ad extra" de presença na sociedade, nas "realidades temporais", e as atividades "ad intra", de serviço às comunidades eclesiais, numa multiplicidade de ministérios reconhecidos e de prestações espontâneas. A própria organização da CNBB estruturou-se segundo esse dualismo e manteve, até hoje, um Setor Leigos e um Setor Vocações e Ministérios. Pareceu oportuno aos responsáveis por esses setores unir seus esforços com os de seus assessores e, principalmente, dos representantes de organismos pastorais, movimentos eclesiais e comunidades, para aprofundar a reflexão sobre a missão dos leigos, nos seus dois aspectos, procurando promover o melhor entendimento de todos os que estavam envolvidos e uma valorização ainda mais clara da vocação de leigos e leigas cristãos no mundo de hoje.

TENDÊNCIAS DIVERSAS

Com efeito, um excessivo afastamento entre os dois âmbitos da ação evangelizadora dos leigos tinha levado, às vezes, a criar também distância e incompreensão entre os leigos empenhados exclusivamente num dos dois campos. Além disso, a novidade e variedade das novas formas de apostolado levaram a um grande dinamismo apostólico, mas também — em alguns casos — a tendências menos felizes, que tinham dificuldade de conviver e cooperar na desejável comunhão eclesial. Certos grupos pareciam respeitar pouco a autonomia do compromisso cristão nas realidades temporais. Outros pareciam clericalizar a prática dos ministérios laicais, até confundi-los, às vezes, indevidamente, com os ministérios ordenados. Outros ainda queixavam-se do escasso apoio das comunidades eclesiais aos leigos empenhados no campo social, político e cultural. Outros, ao contrário, queixavam-se do escasso empenho dos leigos católicos na transformação da sociedade. Outros, por fim, pediam mais formação doutrinal e orientação cristã para os leigos empenhados num ambiente secularizado.

Diante de tal situação — ao mesmo tempo carregada de promessas e esperanças, mas também de lacunas e dificuldades — parecia conveniente elaborar, de forma clara e sistemática, orientações práticas com uma boa fundamentação teológica.

OBJETIVOS DE UM NOVO DOCUMENTO

No décimo aniversário da *Christifideles Laici,* os bispos D. Marcelo Carvalheira e D. Angélico Bernardino solicitaram que o tema fosse estudado na Assembléia Geral da CNBB para que um documento oficial do episcopado contribuísse para:

1º. um claro reconhecimento da dignidade dos leigos na Igreja, retomando as fortes expressões do capítulo primeiro da *Christifideles Laici* (cf. especialmente o nº 17) e avivando a consciência, ainda adormecida, dos muitos católicos praticantes ou tradicionais, que interpretam apenas passivamente sua pertença à Igreja, mais como objeto do que como sujeitos da evangelização, não apenas individualmente, mas de forma associada (cf. CfL, 29);

2º. uma explicitação da eclesiologia conciliar, como base segura para entender e harmonizar as diversas formas de apostolado leigo e a relação entre ministérios confiados aos leigos, em virtude do seu Batismo, e ministérios conferidos pelo sacramento da Ordem;

3º. um esclarecimento das dúvidas particulares, muitas vezes de ordem prática, que a multiplicidade das experiências, a mudança do contexto sócio-cultural e a própria novidade dos desafios emergentes trouxeram ao laicato católico e aos pastores no Brasil assim como ao conjunto da Igreja e do episcopado (veja o Sínodo de 1987).

PROCESSO DE ELABORAÇÃO

O primeiro ante-projeto de documento, elaborado pelos responsáveis dos mencionados setores da CNBB, apresentado na Assembléia de 1998, dedicava — na reflexão sobre os ministérios — também um amplo espaço aos ministérios ordenados, o que foi julgado excessivo num documento dirigido prioritariamente aos leigos. A reformulação do ante-projeto, na própria Assembléia, levou a dar mais unidade ao documento, centrando-o mais especificamente ao redor da vocação fundamental do leigo, enquanto membro do povo de Deus e co-responsável pela missão da Igreja. Retomando a eclesiologia do Vaticano II e procurando oferecer uma interpretação rigorosa e coerente dos textos do Concílio, à luz da Constituição

Lumen Gentium, o ante-projeto do documento consegue mostrar a conexão e necessária complementaridade da missão de cristãos leigos no mundo — campo próprio de sua atividade evangelizadora —, com os serviços e ministérios que os fiéis leigos e leigas, em virtude do seu Batismo, podem e devem assumir na Igreja.

BUSCANDO UMA VISÃO MAIS COMPLETA E HARMONIOSA DA MISSÃO DOS LEIGOS

O documento retoma uma preocupação presente na *Christifideles Laici,* que deseja, na vida do leigo cristão, unidade e comunicação entre a inserção nas realidades temporais e a vida no Espírito, que brota da comunhão com Cristo fundada no Batismo, a fim de que leigos e leigas possam santificar-se no mundo (cf. CfL 17, que cita AA 4).

Essa mesma unidade é desejável também no nível das associações e organizações católicas do laicato. Elas também devem favorecer a articulação e comunicação eficaz entre as atividades dos cristãos que estão voltadas para ordenar o mundo segundo a vontade de Deus e aquelas atividades que estão voltadas para a edificação da comunidade eclesial.

Por isso, o documento, nas suas orientações práticas, em lugar de opor — com o risco de separar (!) — empenho dos leigos no mundo e serviço na Igreja (atividades "ad extra" e atividades "ad intra"), traça diretrizes para que os leigos participem, com autêntica inspiração cristã, de toda a missão da Igreja, ou seja, de toda a ação evangelizadora. Esta exige "serviço, diálogo, anúncio e comunhão", sem jamais descuidar da presença no mundo, no coração dos dramas humanos, e sem nunca deixar de haurir o espírito de Cristo na palavra do Evangelho, na celebração da Liturgia e no encontro com as pessoas humanas, especialmente dos pobres e sofredores.

D. EDUARDO KOAIK
Bispo de Piracicaba
Responsável pelo Setor Leigos

D. ANGÉLICO SÂNDALO BERNARDINO
Bispo Auxiliar de São Paulo
Responsável pelo Setor Vocações e Ministérios

Itaici-SP, 22.4.1999

INTRODUÇÃO

1. Os homens e as mulheres de hoje se parecem com os caminhantes que iam, na tarde da Páscoa, para Emaús[1]. Decepcionados, conversavam entre si sobre seus desenganos, sobre as esperanças frustradas. É a mesma conversa do povo hoje: espera por um progresso econômico e vê a situação pessoal piorar; espera por saúde e vê voltarem antigas doenças — dadas como debeladas para sempre; espera por paz e convivência fraterna e é atingido pela violência que não escolhe suas vítimas e torna todos inseguros; espera por administradores públicos eficientes e honestos, atentos às necessidades do povo, como lhe foi prometido, e desconfia de que na política prevaleçam os interesses de poucos, dos que querem aumentar ainda mais seu patrimônio, a preço da exclusão de muitos; espera por cristãos mais fiéis ao Evangelho, mais empenhados no serviço aos irmãos, mais abertos ao diálogo, e encontra frieza e pouca fé... Desconfiam, às vezes, até de Deus, como o salmista: "Meu Deus, meu Deus, por que me abandonaste?"[2] Como pode Deus permitir a crucifixão de tantos irmãos?

2. Não faltam esperanças ou ao menos expectativas, por exemplo, nos avanços da ciência e da tecnologia. Mas estes avanços também parecem ser de proveito para poucos. E tornam ainda mais absurdo que continue a ha-

---

1. Cf. Lc 24,13-35.
2. Cf. Sl 22,2.

ver fome, doenças, miséria, desemprego, que uma melhor distribuição dos recursos poderia eliminar — no Brasil e no mundo.

3. O povo itinerante procura muitas vezes esquecer seus dramas na diversão, no entretenimento oferecido pela mídia eletrônica, no jogo, no álcool, nas drogas... Mas também a experiência humana está afetada por perguntas fortes acerca de sua identidade, de sua origem, de seu percurso e de seu destino. Por isso, com maior empenho nos últimos anos, as pessoas procuram resposta e caminho na filosofia, nas religiões, em diversas formas de espiritualidade. Nós, cristãos, redescobrimos, de maneira nova, a Palavra de Deus e a presença viva de Cristo. Percebemos que as muitas ideologias alternativas ao cristianismo, que inspiraram projetos nobres, mas também conduziram às piores tragédias da história em nosso século, deixaram ainda mais claro que Cristo continua sendo para a humanidade o Caminho, a Verdade e a Vida[3].

4. O cristianismo não propõe uma verdade abstrata nem apenas uma doutrina, mas acredita na presença de Alguém que caminha conosco, mesmo que, às vezes, nossos olhos não o reconheçam. Nossos olhos se abrem, quando o reconhecemos no "menor dos irmãos" que nos pede pão, água, roupa, casa, assistência médica, justiça ou, simplesmente, uma atenção, uma visita. É quando os caminhantes de Emaús convidam o desconhecido a sentar-se à mesa com eles, a partilhar a ceia, que seus olhos se abrem. O mesmo acontece hoje, quando esta ceia é celebrada como Eucaristia, agradecendo ao Pai pela entrega do pró-

---

3. Cf. Jo 14,6. O papa João Paulo II não se cansa de repetir esta mensagem desde o início do seu pontificado.

prio Cristo Jesus, que se oferece por nós e nos alimenta, na jornada, com o dom do Pão e do Vinho.

5. Quando a humanidade descobre e pratica a solidariedade e a partilha, já está sendo movida pelo Espírito de Jesus. Já reencontrou a esperança. Já está acolhendo o "reino de Deus" e começando a superar as decepções e suas causas.

6. No meio da humanidade, solidários com ela, estão os discípulos e as discípulas de Cristo. São aqueles que, tendo reconhecido o Cristo caminhando ao seu lado, correm para anunciar aos irmãos e irmãs que o Cristo ressuscitado está vivo no meio de nós.

7. Os cristãos, portanto, são no mundo portadores da esperança: de que a morte do Justo não é a última palavra da história, pois o amor do Pai o ressuscitou; de que Deus há de ressuscitar "nossos pobres corpos mortais"; de que o nosso futuro está no reino de Deus, na afirmação do seu governo na história do mundo, enfim purificada de todo o mal. Esperança que o livro do Apocalipse descreve com as imagens da *maravilhosa cidade,* que não precisa de sol ou lua, porque "é a glória de Deus que a ilumina"[4], e da *renovação total,* de "novos céus e nova terra":

> "Deus habitará com eles;
> eles serão o seu povo,
> e ele, Deus-com-eles, será o seu Deus.
> Ele enxugará toda lágrima dos seus olhos,
> pois nunca mais haverá morte,
> nem luto nem clamor nem dor...
> Sim! As coisas antigas se foram!"[5].

---
4. Cf. Ap 21,23.
5. Cf. Ap 21,3-4, que cita Is 25,8.

8. A esperança, porém, não afasta os cristãos dos outros homens e mulheres. Ao contrário, torna-os ainda mais *solidários*. "As alegrias e as esperanças, as tristezas e as angústias dos homens de hoje, sobretudo dos pobres e de todos os que sofrem, são também as alegrias e as esperanças, as tristezas e as angústias dos discípulos de Cristo. Não se encontra nada verdadeiramente humano que não lhes ressoe no coração"[6]. "A esperança de uma nova terra, longe de atenuar, antes deve impulsionar a solicitude pelo aperfeiçoamento desta terra. O progresso terreno... é de grande interesse para o Reino de Deus"[7].

9. Por isso, o cristão "levanta a cabeça"[8] e olha para a libertação que se aproxima, mas não deixa de "pôr as mãos no arado"[9] ou na enxada, não pára de trabalhar para alimentar a família humana nem deixa de ser o "administrador fiel"[10] dos bens que Deus lhe confiou, a serviço de irmãos e irmãs. O cristão eleva seu coração a Deus na oração, de onde recebe luz para discernir os caminhos da justiça e da paz no mundo humano.

---

6. Concílio Vaticano II, Constituição *Gaudium et Spes*, 1.
7. Concílio Vaticano II, Constituição *Gaudium et Spes*, 39b.
8. Cf. Lc 21,28.
9. Cf. Lc 9,62.
10. Cf. Mt 24,45-51; Lc 12,42-46.

I. DESAFIOS E SINAIS DOS TEMPOS

10. O cristão olha para o mundo com realismo e com esperança. Procura reconhecer nele os sinais da vontade de Deus e os caminhos que apontam para o Reino, assim como distinguir os obstáculos e as forças do mal que impedem a sociedade humana de avançar na direção da justiça, da paz e da fraternidade.

11. Neste momento histórico, estamos diante de uma realidade particularmente complexa e, ao mesmo tempo, contraditória e fragmentada. Torna-se, portanto, difícil — mas não impossível! — compreender os rumos da história atual ou fazer julgamentos corretos. Nasce, em muitos, a sensação de incerteza, muitas vezes de desorientação, da qual procuram fugir, "simplificando" a realidade, considerando apenas alguns aspectos dela, criando esquemas ou imagens simplistas do que está acontecendo. Mesmo assim, é necessário esforço para situar nosso contexto, dentro de um quadro mais amplo, visto que a "globalização" aumenta sempre mais as influências externas sobre a realidade em que vivemos.

12. Cientes dessas dificuldades, queremos aqui apenas salientar, rapidamente, alguns traços da situação atual, que são relevantes para a consciência cristã e constituem verdadeiros desafios para a missão do evangelizador. Cabe a cada cristão — dentro de sua comunidade, organização ou movimento — discernir com mais profundidade esses desafios, percebendo as luzes e as sombras, os sinais da

graça e as seqüelas do pecado. Todos temos o dever de nos esforçar, iluminados pela fé, para compreender a realidade e buscar caminhos.

1. DESAFIOS ECONÔMICOS, SOCIAIS E POLÍTICOS

13. A economia exerce grande influência sobre a nossa sociedade. As mudanças no mercado são mais rápidas do que no passado, conseqüência dos avanços da tecnologia e de maior interdependência das economias nacionais (fenômeno da "globalização"). Ao lado de alguns aspectos positivos — intercâmbio de informações, produtos, serviços e relacionamentos em escala global — a globalização tem acarretado graves preocupações, porque orientada, de fato, pela ideologia do mercado, que tem diminuído a autonomia dos Estados nacionais e concentrado ulteriormente a renda. Este fenômeno cria novas e imprevistas situações de desespero, aumenta a pobreza e o desemprego, força a migração em busca de trabalho mal remunerado, enfraquece a política social, causa a exclusão de multidões. Isto acontece sobretudo onde tem sido adotada, sem restrições, a política econômica "neoliberal". Essa política poderá favorecer apenas pequena parcela da humanidade, excluindo, de fato, a maioria da população dos benefícios conseguidos.

14. Na encíclica para "O Centenário da *Rerum novarum*" (1991), o papa João Paulo II reconhecia que "o livre mercado parece ser o instrumento mais eficaz para dinamizar os recursos e corresponder eficazmente às necessidades". Mas acrescentava: "Existem numerosas carências huma-

nas sem acesso ao mercado. É estrito dever de justiça e verdade impedir que as necessidades humanas fundamentais permaneçam insatisfeitas e pereçam os homens por elas oprimidos... Abre-se aqui um grande e fecundo campo de empenho e de luta, em nome da justiça... É correto falar de luta contra um sistema econômico, visto como instrumento que assegura a prevalência absoluta do capital, da posse dos meios de produção e da terra"[11].

15. Nesse contexto, tem crescido a **dívida externa** dos Países em desenvolvimento e a dívida social para com a maioria dos seus próprios cidadãos, cujo trabalho é mal remunerado. Assim se lhes negam as condições básicas de alimentação, moradia, educação e saúde e se enfraquece ou **se esvazia a própria democracia**, pois as pessoas se sentem desmotivadas a exercer sua cidadania, enquanto os grandes interesses financeiros condicionam unilateralmente o Estado, impedindo-o de cuidar do bem comum dos cidadãos.

16. O Brasil depende hoje, fortemente, do sistema financeiro internacional. Seus problemas são agravados pela **desigualdade social muito acentuada**, entre as maiores do mundo, que atinge imensa massa de deserdados e sofredores, além do mais, provados pela **crescente onda de desemprego**[12] e **a lentidão da Reforma Agrária**[13].

---

11. Cf. JOÃO PAULO II, Carta Encíclica *Centesimus annus,* 34 e 35.

12. O problema, tão grave, foi o tema da Campanha da Fraternidade de 1999.

13. Fazemos nossas as exigências do recente documento da Comissão Pontifícia "Justiça e Paz": *Por uma melhor distribuição da terra — O desafio da reforma agrária* (1997).

17. Nisso tudo se manifesta a tendência geral da sociedade moderna, que **nos campos da política e da economia não leva em conta os valores éticos**, tais como o respeito dos direitos básicos de toda pessoa humana, a primazia do trabalho, a solidariedade. Como cristãos, devemos avaliar em profundidade as conseqüências dessa inversão de valores, principalmente no que diz respeito ao grave problema da deformação das consciências. Nossa sociedade vai habituando-se a conviver com contravalores e perdendo a capacidade de distinguir o justo do injusto, o verdadeiro do falso. Aquilo que é desprovido de todo e qualquer caráter ético, começa a impor-se como legítimo. A conseqüência é o crescimento descontrolado da corrupção, do abuso do poder, da exploração institucionalizada, favorecidos pela impunidade.

18. A camada social que, certamente, sai mais prejudicada por tal deformação das consciências é a **juventude**, exigindo um trabalho mais intensivo na formação do senso crítico. A juventude sofre diversas agressões, entre elas o desemprego e a violência. Deixa-se seduzir pelas drogas e torna-se presa fácil da organização criminal do narcotráfico. O futuro torna-se muito incerto e a juventude torna-se a maior vítima da crise das relações sociais e familiares. A nova geração vive o momento presente numa visão imediatista, pois a sociedade a priva do passado e do futuro. A sociedade exalta a juventude e oferece-lhe muitas ilusões de consumo e de realização pessoal. Parece apresentar muitas oportunidades, mas efetivamente oferece poucos empregos e remuneração injusta. Força muitos jovens a se refugiarem numa vida sem maiores perspectivas. Por outro lado, os jovens, mesmo se confiam pouco em partidos, sindicatos, associações, escolas, pro-

curam espaços oferecidos pelas Igrejas cristãs e particularmente pela Pastoral da Juventude, onde encontram oportunidades de oração, de formação, de exercício da cidadania, de serviço voluntário. Constata-se busca da mística e uma crescente preocupação pela espiritualidade.

19. Por outro lado, diante dos efeitos perversos da globalização, surgem **sinais nítidos e claros de reação** da parte de indivíduos, grupos e povos. Aumentam as dúvidas sobre a viabilidade, a médio e longo prazo, do atual modelo capitalista e temem-se suas desastrosas conseqüências para o meio-ambiente. Em vários Países, adotam-se medidas econômicas e sociais alternativas ao neoliberalismo, visando à preservação do Estado nacional e dos direitos dos trabalhadores, ameaçados pela "desregulação" da economia. Multiplicam-se também as iniciativas em defesa da própria tradição cultural, étnica ou nacional em face do nivelamento provocado pela globalização. Em nosso País, os que não têm terra, casa, emprego e alimento organizam-se para garantir sua sobrevivência e contestar as leis que favorecem, ainda mais, os poderosos. Mulheres, índios, negros e grupos marginalizados reivindicam seus direitos ao pleno exercício da cidadania e à expressão das diferenças.

20. A consciência de que o homem destruiu muitos recursos naturais não renováveis e coloca em perigo o futuro da própria humanidade, com a poluição do meio-ambiente, tem crescido. Muitos percebem mais claramente que não é lícito prejudicar o futuro das novas gerações tornando inabitável a Mãe-Terra. Muitos percebem também que, na origem dos excessos humanos, está uma mentalidade "prometéica", de domínio do homem sobre o mundo, de consumismo desenfreado e desmedido, sobre-

tudo por parte dos mais ricos. Tal mentalidade deve ser superada através da reconciliação da humanidade com a natureza e através de melhor distribuição dos bens. Para os cristãos, tudo isso significa reconhecimento e respeito para com a obra do Criador.

21. Diante do modelo social, que incentiva o egoísmo e reduz a pessoa a mero consumidor, impõe-se o **revigoramento da solidariedade** entre todos os cidadãos. Ela deve sustentar iniciativas voluntárias de ajuda aos mais carentes e exigir decisões políticas e medidas legislativas em prol de autêntica justiça social, garantindo a igualdade de oportunidades. A Igreja não pode deixar de exercer uma **crítica rigorosa às ideologias** que desprezam os valores éticos fundamentais e de apoiar, com todos os meios ao seu alcance, a construção de uma sociedade solidária. Ao mesmo tempo precisa fazer um exame de consciência, "interrogando-se sobre as responsabilidades que lhe cabem nos males do nosso tempo"[14], particularmente diante das graves injustiças e da marginalização social, para discernir o que pode fazer.

2. DESAFIOS CULTURAIS, ÉTICOS E RELIGIOSOS

22. O predomínio da economia na sociedade atual está vinculado a opções éticas e culturais. É impossível compreender o comportamento de pessoas e grupos, sem levar em conta as motivações culturais que o impulsionam. Análises das estruturas econômicas e políticas são neces-

---

14. JOÃO PAULO II, Carta *Tertio millennio adveniente*, 36.

sárias, mas insuficientes para compreender as tendências da sociedade atual, particularmente complexa.

23. Recentemente, em lugar da cultura tradicional, difundiu-se a cultura da *modernidade,* caracterizada pela crítica do passado e a oferta de diferentes modelos de vida. Em outras palavras, no Brasil como nas sociedades modernas, predomina hoje o **pluralismo cultural**, que, a partir dos centros urbanos, se alastra por todo o território nacional. O pluralismo é, em si, fator positivo, quando proporciona diálogo e respeito mútuo entre as diversas culturas. Mas, de fato, ele é limitado e ameaçado pela poderosa influência dos meios de comunicação de massa, transmissores da **"cultura global"**, regida pelas leis do mercado, desprovida de preocupações éticas, manipuladora das consciências. Os meios de comunicação de massa podem contribuir para aumentar enormemente a difusão da informação e do conhecimento, mas de fato o seu uso sofre graves distorções. Eles agem muitas vezes no sentido da "homogeneização" da cultura, difundindo no mundo inteiro os mesmos produtos culturais e os mesmos modelos de comportamento. A essa **"cultura de massa"** resistem, com dificuldades, a **cultura popular**, com sólidas raízes no mundo rural, e a **cultura erudita e científica**.

24. Na sociedade tradicional, era a cultura que determinava, em grande parte, a identidade de cada indivíduo e lhe atribuía um papel específico na sociedade. Na sociedade "moderna", o indivíduo tende a considerar a cultura como supermercado, onde pode escolher e adquirir elementos para construir a própria visão do mundo e suas relações. Dentro dessa cultura e do seu pluralismo, **o indivíduo muda sua atitude perante a questão da sua identidade**. Simplificando, pode-se dizer que a questão

da identidade (quem sou eu? qual é o meu papel na sociedade?) se tornou uma questão privada, pessoal. Tudo isso contribui para enfraquecer os laços comunitários, que pressupõem uma tradição ou cultura comum, e substituí-los por relações criadas a partir das escolhas pessoais. Esse fato, em si, pode ser positivo. O cristianismo contribuiu para acelerar o processo de valorização da pessoa. Mas, atualmente, em muitos casos, sobretudo no mundo urbano, as antigas relações comunitárias não foram ainda substituídas por novas relações sociais adequadas, capazes de garantir a liberdade e segurança das pessoas. Resultam daí efeitos negativos, como o aumento da violência e a extremada concepção da liberdade individual.

25. **A concepção relativista da verdade e extremamente individualista da liberdade** leva à aceitação de práticas — como aborto, eutanásia, uso das drogas, busca desenfreada por bens materiais e a negação da solidariedade — que desprezam o valor da vida humana. Na encíclica *"Evangelium Vitae"*, João Paulo II fala de "um combate gigantesco e dramático entre o mal e o bem, a morte e a vida, a "cultura da morte" e a "cultura da vida". Encontramo-nos não só "diante", mas necessariamente "no meio" de tal conflito: todos estamos implicados e tomamos parte nele, com a responsabilidade irrenunciável de *decidir incondicionalmente a favor da vida"*[15].

26. A mudança da identidade individual, decisiva na configuração da modernidade, gera **conseqüências explosivas** em todos os campos, inclusive **no campo religioso**. É importante observar que essa situação tem provocado **novo interesse pela religião**, que foi chama-

---

15. Cf. JOÃO PAULO II, Carta encíclica *Evangelium vitae*, 28.

do — de forma pouco apropriada — a "revanche de Deus". Outros falam de "sedução do sagrado" ou de "retorno do religioso". Na realidade, não se trata de um retorno, porque muitos são os aspectos novos, que não figuravam na religião tradicional. Em linhas gerais, as novas atitudes religiosas — mais que se voltar para a revelação de Deus — buscam a solução de problemas pessoais. As estruturas pastorais da Igreja Católica, especialmente no meio urbano, ainda não conseguiram adaptar-se adequadamente à nova situação que exige um atendimento mais diversificado e personalizado. A religião é hoje muito procurada, porque consola, cura e ajuda a dar sentido à própria existência.

27. Tendência evidente no Brasil dos anos recentes é **reconsiderar a própria escolha religiosa**. Conseqüentemente temos assistido à passagem de muitas pessoas de uma religião (ou Igreja) a outra. A falta de uma adesão pessoal e viva a Jesus Cristo e de ligação maior com a comunidade eclesial coloca-se entre as causas que explicam o fato de muitos católicos terem mudado de religião. Outros católicos não conseguem fazer uma experiência religiosa emocionalmente envolvente em sua comunidade de origem e saem em busca de outras experiências. Não se trata, geralmente, de uma "conversão" no sentido forte da palavra, que implique decidida mudança ou ruptura. Predomina a concepção de que as várias Igrejas ou religiões são igualmente boas. "Experimenta-se" outra religião, às vezes por breve período, em busca daquela que satisfaça o gosto de cada um. Esses fenômenos se tornam mais freqüentes no Brasil, quer porque aqui elementos das religiões indígenas e africanas se misturaram com elementos da religião católica, quer pela rápida urbanização, que pôs em contato populações de origem rural com

um ambiente "pós-moderno", dinâmico, com referências múltiplas, que é a cidade. Há também casos em que a pessoa justapõe práticas de diversas religiões, e casos de adesão a uma religiosidade de contornos indefinidos, sincretista, como a da "Nova Era".

28. A religião, como **questão de escolha**, é fato julgado positivamente pela nossa sociedade. Também o cristianismo assume esta condição como uma oportunidade de liberdade e a julga melhor do que aquelas situações em que a religião era imposta pelo Estado como religião oficial. Essa nova situação, porém, exige que cada pessoa faça sua opção, dentro de um conjunto de possibilidades diversas que lhe são oferecidas.

29. Alguns optam por uma **religião individual, interior**, tão pessoal que abandona as práticas comunitárias e se torna uma "religião invisível", feita apenas de algumas crenças. Em casos extremos, chega-se a dizer "minha religião sou eu" ou a conceber a Deus como a realidade que cada um encontra no mais íntimo de si mesmo. Em geral, como já vimos, a religião é concebida como busca de felicidade imediata, próxima do hedonismo, e não mais como consciente adesão à vontade do Senhor e Criador.

30. Outros, ao contrário, recusam o individualismo e o subjetivismo. Preferem, talvez com certa nostalgia, tentar reencontrar a situação tradicional, em que havia uma só religião e todos acreditavam nela. Aderem, por isso, a **Igrejas ou Movimentos "fundamentalistas"**, que têm a pretensão de apresentar **a verdade em seus fundamentos ou origens**. Trata-se geralmente de grupos fechados e autoritários, que não admitem discussões sobre sua doutrina e disciplina interna, mas, em troca, oferecem certeza, segurança e apoio a seus membros.

31. Outros ainda se voltam para formas espontâneas de busca e manifestação do sagrado ou para o esoterismo, o ocultismo, a magia, a crença na reencarnação. Rejeitam não somente as formas institucionalizadas das grandes religiões, como também a racionalidade científica. Tal fenômeno não acontece apenas nas populações com pouca ou nenhuma instrução escolar. Atinge até mesmo cientistas e pessoas de formação universitária.

32. Finalmente, **a maioria continua ainda aderindo à religião tradicional** (no Brasil, ao catolicismo). Esta adesão, porém, não é total, por haver restrições subjetivas ("aceito isso, mas não aceito aquilo"): é o caso das chamadas "adesões parciais". Pode até assumir traços do fundamentalismo: sou católico, mas segundo uma interpretação literal da Bíblia e da doutrina.

33. Para o católico, a melhor resposta a esta situação não é simplesmente **conservar a religião tradicional, mas renovar sua adesão ao Cristo na Igreja católica**, tornando-a mais consciente e responsável, enraizada na profunda experiência de Deus, iluminada por sua Palavra e partilhada na vivência comunitária e sacramental, atenta ao magistério da Igreja. Isto, de fato, já acontece em grande escala em paróquias, comunidades de base e movimentos. Mas é necessário tomar consciência de que — na sociedade atual e sempre mais no futuro — a fé católica será profundamente personalizada, assumida, enraizada na experiência de Deus, ou não... será.

3. FORÇA E FRAQUEZAS DOS CRISTÃOS

34. Nos últimos anos, após a publicação da Exortação do Papa João Paulo II sobre "Vocação e missão dos leigos na Igreja e no mundo"[16], que concluiu o Sínodo dos Bispos de 1987, alguns fatos têm marcado a situação dos cristãos entre nós, e especificamente dos católicos. Antes de tudo, constatamos uma **intensa busca de espiritualidade**, mesmo se algumas de suas expressões pareçam mais reação de desencanto com a sociedade e procura de consolo do que experiências religiosas profundas. Esta busca manifesta-se tanto no mundo católico como fora dele. É caracterizada, como já notamos, por evidente pluralismo e subjetivismo. O resultado é que o próprio mundo católico se tem diferenciado ainda mais. Multiplicaram-se os novos movimentos e retomaram vigor as antigas associações e as tradições religiosas populares. Surgiram muitas iniciativas pastorais inéditas, solicitadas pela diferenciação da sociedade brasileira e o aparecimento de múltiplas carências e aspirações. Também aumentou significativamente a busca de formação teológica, até de nível superior, por parte de leigos e leigas.

35. Cresce igualmente um **clima favorável ao ecumenismo e ao diálogo entre as religiões**, apesar de resistências de grupos radicais, por um lado, e apesar das tendências de nivelar e confundir toda e qualquer experiência religiosa, por outro lado. Os não-católicos representam hoje, no meio urbano, 20%, ou mais, da popula-

---

16. Título original: *Christifideles Laici*. Este documento permanece como referência fundamental para o tema adequado de que estamos tratando.

ção, o que significa também que nossos fiéis freqüentemente se encontram e dialogam com pessoas de outros credos, sendo muitas vezes questionados em sua própria fé. O diálogo ecumênico e inter-religioso deixa de ser um assunto de poucos, para tornar-se uma experiência cotidiana e permanente de muitos.

36. **A presença dos católicos militantes na sociedade** passou também por transformações significativas, sobretudo depois de 1985, com a redemocratização do País, e da Constituição Federal de 1988. Houve opções diferentes. Alguns deixaram comunidades eclesiais e organizações pastorais para ingressar nos partidos, levando no coração a inspiração cristã para a luta política. Outros permaneceram nas CEBs, nas pastorais sociais e nos movimentos populares, procurando promover formas alternativas de organização do povo, em favor de seus direitos, sua saúde, educação e sobrevivência. Outros participam ativamente da construção da cidadania, atuando nos Conselhos Municipais, tutelando crianças e adolescentes e promovendo os direitos humanos. Numa sociedade em que as estruturas econômicas e políticas estão perdendo suas referências éticas, os cristãos empenhados nela estão exigindo apoio e acompanhamento espiritual e solidariedade mais efetiva por parte dos pastores e da comunidade eclesial.

37. Fenômeno importante é o **crescimento dos movimentos eclesiais**, uns são originários de outros Países, outros são nascidos entre nós. Eles trouxeram muitas pessoas à experiência de Deus, ao encontro pessoal com Cristo, à opção de fé e à volta à Igreja. Conseguem ter uma grande força convocatória e aglutinadora. E muitas pessoas, a partir dessa experiência de conversão, reencontram o amor à Igreja e o engajamento nas pastorais. O

entusiasmo da descoberta faz que muitos vejam a Igreja sob o prisma do movimento e tenham dificuldade de integrar-se nas comunidades eclesiais. Há casos de tensões e até conflitos. O Papa e os Bispos desejam que os movimentos possam, no diálogo e na caridade, dar testemunho de uma comunhão "sólida e convicta" com a caminhada pastoral da Igreja Particular e crescer na estima recíproca com todas as formas de apostolado[17].

38. **As paróquias**, especialmente no meio urbano, **viram, nos últimos anos, multiplicar-se suas atividades**, para atender ao crescente número de fiéis e, sobretudo, à demanda mais exigente tanto de orientação espiritual como de serviços de obras sociais. Daí resulta a sobrecarga dos párocos, especialmente quando não há por parte deles a disposição de delegar responsabilidades e descentralizar serviços. A multiplicidade de expressões comunitárias e de grupos, associações, movimentos e pastorais expressa a vitalidade de muitas paróquias, mas também provoca certa fragmentação da pastoral e falta de harmonia. Diante desta tendência, procura-se intensificar o planejamento participativo e revalorizar os Conselhos Pastorais. O esforço de descentralizar a paróquia, para torná-la uma "rede de comunidades e movimentos[18]", está presente em várias dioceses. Em geral, continuam numerosas e ativas as CEBs, que estão procurando com mais empenho compreender e valorizar a religiosidade popular e abrir-se mais

---

17. Confira os critérios da eclesialidade da *Christifideles Laici*, n. 30, as *Conclusões* de Santo Domingo, n. 102, o Documento 53 da CNBB, *Orientações Pastorais sobre a Renovação Carismática Católica* e o discurso do papa João Paulo II aos Movimentos eclesiais em Pentecostes de 1998.

18. Cf. EA 41.

intensamente à dimensão missionária e ao diálogo com os Movimentos Eclesiais.

39. Na ausência de estatística mais completa, é difícil dizer se **o número dos agentes de pastoral aumentou na última década**. O número das paróquias é superior a 8 000 (oito mil)[19]. Pode-se estimar em 70 000 (setenta mil) o número das comunidades que realizam aos domingos a celebração da Palavra, na ausência do padre, que aí celebra a Eucaristia somente algumas vezes por ano. O número dos e das catequistas se situa entre 300 000 e 350 000. Um contingente ainda maior de leigos e leigas assume outros ministérios, como a animação da comunidade e da liturgia, as pastorais sociais, o ministério extraordinário do Batismo e da distribuição da Comunhão Eucarística, da Palavra, das Exéquias e a função de Assistentes Leigos do Matrimônio. Em média, atualmente, para cada presbítero, as comunidades dispõem de mais de 50 (cinqüenta) leigos, exercendo tarefas ou ministérios pastorais[20].

40. Entre os agentes de pastoral, **destaca-se a presença e atuação das mulheres**, que constituem o contingente maior. Elas participam em todos os setores da vida e da missão da Igreja e estão esboçando um traço novo no rosto eclesial através da maneira generosa e entusiasmada com que vivem a fé e o amor, buscando transmitir os

---

19. Em 1997, o número era de 8 216 paróquias (Fonte: CERIS).

20. Esses dados resultam da pesquisa realizada em muitas paróquias e, de forma completa, em 37 dioceses, no início do Projeto *Rumo ao Novo Milênio*, no final do ano de 1996. Os dados sobre as celebrações da Palavra provêm da pesquisa do CERIS sobre *Comunidades Eclesiais Católicas*, publicada por R. VALLE e M. PITTA (ed. Vozes, 1994).

valores cristãos. As mulheres constituem a grande maioria dos catequistas; assumem responsabilidades nas comunidades, na animação, coordenação e entre-ajuda; coordenam setores pastorais; estão presentes nos conselhos e nos movimentos, participando ativamente das decisões[21]. Nos últimos anos, elas começaram a exercer o aconselhamento espiritual, bem como o ensino da teologia.

41. Quanto ao número de presbíteros, os últimos tempos foram marcados pelo **aumento do clero diocesano que teve** cerca de 4500 ordenações nos últimos quinze anos[22]. Atualmente temos um total de cerca de 16000 padres: um para cada 10000 habitantes. Esta relação se mantém estável nos anos '90. Mas ela é consideravelmente mais grave que a relação padre/habitantes de 1960 (1 padre para 6284 habitantes). O número dos presbíteros não acompanhou o aumento da população nas décadas de '60, '70 e '80, também em decorrência da diminuição do número de missionários, que em 1960 representavam 42% do clero e hoje, apenas 22%[23]. Assim, em geral, o presbítero se acha, por um lado, solicitado a assumir novas tarefas; por outro, é mais sobrecarregado em seu dia-a-dia e tem menos tempo para dedicar às pessoas. É urgente repensar as prioridades do ministério presbiteral, bem como buscar novos modelos, tendo em vista a corresponsabilidade de todos os cristãos na ação evangelizadora e uma melhor adequação do padre às exigências da comunidade eclesial e da sociedade.

---

21. Cf. Projeto *Rumo ao Novo Milênio*, n. 89.

22. Segundo o CERIS, em 1997, os padres diocesanos eram então 8263 e os padres religiosos eram 7616, perfazendo um total de 15879 padres.

23. Dados do CERIS.

42. Finalmente, alegramo-nos porque **o Projeto de Evangelização "Rumo ao Novo Milênio"**, com que procuramos responder ao apelo da Carta apostólica de João Paulo II sobre *Tertio Millennio Adveniente* e preparar o Grande Jubileu do Ano 2000 e a celebração dos 500 anos da Evangelização do Brasil, tem encontrado adesão pronta e generosa tanto do clero quanto do laicato, revelando novas possibilidades de ação pastoral e grande criatividade na evangelização.

43. Todas essas situações, ricas de promessas e potencialidades, mas também necessitadas de discernimento melhor e de novas orientações, solicitam-nos recordar alguns **fundamentos teológicos**, especialmente a partir do Concílio Vaticano II[24], e traçar algumas **diretrizes práticas**. É o que desejamos oferecer às comunidades eclesiais e aos cristãos e cristãs, para que, em espírito de diálogo com os pastores, continuemos juntos a procurar respostas corajosas, livres e criativas aos apelos de Deus e dos irmãos.

---

24. O Papa João Paulo II nos exorta a acolher plena e efetivamente o Concílio, "este grande Dom do Espirito", na Carta *Tertio millennio adveniente,* n. 36.

II — A MISSÃO DO POVO DE DEUS
Fundamentos teológicos

1. A MISSÃO

44. A Igreja é chamada por Deus a realizar uma **missão** no mundo. Tal missão, prosseguimento da prática de Jesus Cristo, que "não veio para ser servido, mas para servir e dar a vida em resgate de todos"[25], é o serviço que ela deve prestar. A **compreensão da missão da Igreja** vai aprofundando-se na medida em que a Igreja presta atenção aos "sinais dos tempos" e às mudanças na história humana. Podemos medir os passos dados pela Igreja na compreensão de si mesma e da sua missão, se considerarmos os avanços do Magistério e da reflexão eclesial desde o Concílio Vaticano II até hoje.

A MISSÃO, OBRA DE DEUS

45. O Concílio Vaticano II proferiu diversas afirmações importantes sobre a missão da Igreja. A constituição *Lumen Gentium* declara: **"a Igreja é, em Cristo, como que sacramento**, isto é, sinal e instrumento, **da união íntima com Deus e da unidade de todo o gênero humano"** [26]. A constituição *Gaudium et Spes* acrescenta

---
25. Cf. Mc 10,45.
26. Cf. *Lumen Gentium*, 1.

que "a Igreja é 'o sacramento universal da salvação', manifestando e atuando simultaneamente o mistério do amor de Deus pelos homens"; ou seja, não é apenas **sinal**, mas já, de algum modo, **realização** do Reino de Deus[27].

46. Para explicar a identidade da Igreja, a *Lumen Gentium*, no capítulo I, mostra a Igreja como **fruto da missão do Filho e do Espírito Santo, enviados pelo Pai.**[28] Está aí um elemento fundamental da **teologia da missão!** A missão não é, antes de tudo, obra da Igreja, mas ação de Deus. O Pai é fonte da missão e atua no mundo através do Filho e do Espírito Santo. Neste tempo, que intercorre entre a primeira vinda de Cristo e seu retorno glorioso, **o protagonista da missão é o Espírito Santo**[29].

A MISSÃO, SERVIÇO DO REINO

47. Em relação à missão, outra afirmação importante do Concílio Vaticano II é que **"toda a Igreja é missionária e a obra da evangelização é um dever fundamental do povo de Deus"**[30]. Mas o próprio Concílio, sob a influência da teologia que o precedeu, acentuou a concepção da missão como **"implantação da Igreja"**[31]. Ora, exatamente naqueles anos, a realidade das "missões", especialmen-

---

27. Cf. *Gaudium et Spes*, 45a.

28. Cf. LG 2-4.

29. O tema do protagonismo do Espírito Santo na missão foi enfatizado, mais recentemente, pelo Papa João Paulo II (*Redemptoris Missio*, 1990, cap. III, nn. 21-30).

30. Cf. AG 35. A afirmação é retomada e desenvolvida pelo papa Paulo VI no n. 59 da *Evangelii Nuntiandi* (1975).

31. Cf. AG 6; 19.

te nos Países do chamado "Terceiro Mundo", e a reflexão teológica passavam por mudanças rápidas e profundas. Após o Concílio, a teologia cristã insistiu de forma enfática sobre a necessidade de assumir a missão não só como "implantação da Igreja", mas também como **"serviço ao mundo"**, ou, mais propriamente, ao Reino de Deus e à "Paz" (*shalom*) que este traz à humanidade. Tal concepção encontrou ampla receptividade também na América Latina, onde foi destacado o empenho dos cristãos na luta pela justiça e pela libertação humana, o que aliás tinha sido reconhecido pelos Sínodos de 1971 e 1974[32].

MISSÃO E DIÁLOGO

48. Outro aspecto que, a partir do Sínodo de 1974, teve ampla repercussão na reflexão sobre a missão foi o **diálogo inter-religioso**[33]. O Concílio Vaticano II e o Papa Paulo VI[34] já haviam insistido sobre a necessidade do diálogo com a sociedade contemporânea e com as outras Igrejas cristãs[35]. Em particular, no contexto do tema da liberdade religiosa, o Concílio afirma: "A verdade deve ser buscada pelo modo que convém à dignidade da pes-

---

32. Cf. Paulo VI, *Evangelii Nuntiandi,* 29-37.

33. Cf. os documentos da Santa Sé *Diálogo e Missão* (1984), obra do antigo Secretariado para o Diálogo com os Não-Cristãos, e *Diálogo e Anúncio* (1991), obra do Pontifício Conselho para o Diálogo Interreligioso e da Congregação para a Evangelização dos Povos. Cf. também *Redemptoris Missio*, nn. 55-57.

34. Particularmente na primeira Encíclica, *Ecclesiam Suam*, de 1964.

35. Cf. o decreto *Unitatis Redintegratio* sobre o ecumenismo cristão e GS 3.40.43.90 sobre o diálogo com o mundo.

soa humana e da sua natureza social, isto é, por meio de uma busca livre, com a ajuda do magistério ou do ensino, da comunicação e do diálogo, com os quais os homens dão a conhecer uns aos outros a verdade que encontraram ou julgam ter encontrado, a fim de se ajudarem mutuamente"[36]. "O diálogo não nasce de táticos interesses, mas é uma atividade que apresenta motivações, exigências, dignidade própria: é exigido pelo profundo respeito por tudo o que o Espírito, que sopra onde quer, operou em cada homem. Por ele, a Igreja pretende descobrir as sementes do Verbo", os "fulgores daquela realidade que ilumina todos os homens" — sementes e fulgores que se abrigam nas pessoas e nas tradições religiosas da humanidade"[37]

MISSÃO É EVANGELIZAÇÃO

49. O progresso da reflexão no Magistério e na consciência da Igreja levou a destacar o tema da **evangelização**, como o que melhor exprime a própria missão da Igreja, mas ao mesmo tempo a sublinhar como ela é "realidade rica, complexa e dinâmica"[38], que não pode ser definida apenas a partir de um ou outro de seus aspectos, sem correr o risco de a empobrecer e, até mesmo, de a mutilar. A *Evangelii Nuntiandi* procura exatamente expor os aspectos essenciais da evangelização, em continuidade ao Vaticano II.

---

36. Cf. *Dignitatis Humanae*, 3.
37. RMi, 56.
38. Cf. *Evangelii Nuntiandi,* 17.

50. Após a *Evangelii Nuntiandi*, a reflexão prosseguiu nas Conferências Episcopais Latino-Americanas de Puebla (1979) e Santo Domingo (1992), na Encíclica *Redemptoris Missio* (1990), sobre a validade permanente do mandato missionário, e em outros eventos e documentos. Não deve surpreender que **esta reflexão possa e deva prosseguir, descobrindo novos aspectos da missão da Igreja**. Pois esta não consiste apenas em anunciar uma mensagem do passado, mas em reconhecer os "sinais dos tempos" e em "interpretá-los à luz do Evangelho; para que assim (a Igreja) possa responder, de modo adaptado a cada geração, às eternas perguntas dos homens acerca do sentido da vida presente e da futura, e da relação entre ambas. É, por isso, necessário conhecer e compreender o mundo em que vivemos, as suas esperanças e aspirações, e o seu caráter tantas vezes dramático"[39]. O que o Vaticano II procurou fazer em seu tempo, a Igreja deve realizá-lo permanentemente, atenta aos novos problemas e anseios da humanidade.

A NOVA EVANGELIZAÇãO

51. Alguns problemas suscitados pela teologia da missão após o Concílio são examinados criticamente pelo Papa João Paulo II na encíclica *Redemptoris Missio* sobre a validade permanente do Mandato missionário[40]. Desta Encíclica, é particularmente importante para nós destacar

---

39. *Gaudium et spes*, 4; cf. também GS 11; UR 4; PO 9.
40. Cf. especialmente os capítulos 1 e 2.

o que ela diz sobre a **"nova evangelização"**[41]. Já Paulo VI considerava necessário retomar a evangelização para superar a ruptura entre o evangelho e a cultura, a fé e a vida[42]. O Papa julga-a necessária nos Países "onde grupos inteiros de batizados perderam o sentido vivo da fé, não se reconhecendo já como membros da Igreja e conduzindo uma vida distante de Cristo e de seu Evangelho". Em nosso País, como em geral na América Latina, embora haja situações muito diversificadas, não há dúvida de que uma "nova evangelização" é imprescindível. Ela será inspirada pela consciência das exigências da evangelização que a Igreja adquiriu nas últimas décadas, mas deverá também prestar contínua atenção às mudanças que vão acontecendo e aos novos desafios que surgem.

A EVANGELIZAÇÃO NAS DIRETRIZES DA IGREJA NO BRASIL

52. Como referência, no Brasil, temos a visão da evangelização amplamente desenvolvida nas "Diretrizes Gerais da Ação Evangelizadora", fruto da Assembléia da CNBB de 1995. Salientam-se nelas quatro aspectos essenciais para a evangelização inculturada: **serviço, diálogo, anúncio e testemunho de comunhão**, que têm fundamento no Novo Testamento[43].

---

41. Cf. *Redemptoris Missio,* 33. O tema já estava desenvolvido na Exortação "Vocação e Missão dos Leigos" (*Christifideles Laici*) de 1988, especialmente no n. 34.

42. Cf. *Evangelii Nuntiandi,* 20.

43. No Novo Testamento, termos como *diakonia, kerygma* e *koinonia* têm uso freqüente e grande valor teológico. O termo "dialo-

53. Esta opção das Diretrizes foi justificada no próprio texto[44] e se fundamenta principalmente em duas razões: o seu **caráter prático**, que provém da experiência da própria Igreja antiga e se presta a descrever eficazmente as grandes tarefas da Igreja no mundo de hoje; a sua **capacidade de expressar**, melhor do que outras formulações, **a novidade da prática inaugurada por Jesus**, confiada a seus discípulos.

54. Outra forma de descrever a missão de Cristo e da Igreja prevaleceu na teologia moderna e foi assumida pelo Vaticano II. Ela nasceu da vontade de ressaltar a continuidade do plano de Deus, relacionando a figura de Cristo com o primeiro — ou "antigo" — Testamento. Naquele contexto, o povo de Deus foi guiado por profetas, sacerdotes e reis. Na nova Aliança, tudo converge para Cristo que é, ao mesmo tempo, profeta, sacerdote e rei. Todo o povo de Deus se torna profético, sacerdotal e real. Daí, os teólogos modernos deduziram uma descrição da ação pastoral da Igreja, que distingue o múnus **profético** como ministério da Palavra de Deus, o múnus **sacerdotal** como ministério litúrgico ou do culto, o múnus **real** (régio) como ministério do governo ou pastoreio do Povo do Deus.

55. Nesta segunda parte do nosso documento, baseada sobre a doutrina do Concílio Vaticano II e voltada para a exposição dos fundamentos teológicos, conservamos a des-

---

gar" no NT significa mais "pregar", mas o diálogo é usado como gênero literário, para transmitir o ensinamento de Jesus, sobretudo no Evangelho de João.

44. Cf. DGAE, 1995-1998 (Documento da CNBB, n. 54), nn. 86-96 e 173-177.

crição da missão da Igreja como tríplice múnus: profético, sacerdotal e real. Desta maneira se acentua mais a **constituição do povo de Deus**. Na terceira parte, voltada para as orientações práticas, retomaremos a descrição das exigências da evangelização, conforme as Diretrizes Gerais da Ação Evangelizadora, acentuando principalmente a **missão confiada à Igreja**.

56. Nessa visão, a Igreja é chamada a **anunciar** a salvação em Cristo e o Reino de Deus, mas só pode fazê-lo demonstrando sua solidariedade e sua disposição de **serviço** para com toda a humanidade, sua atitude de diálogo na busca da verdade e sua capacidade de gerar comunidades onde já se vive de algum modo aquela **comunhão** com Deus e com os irmãos, que é realização germinal do Reino de Deus.

57. Urge compreender e frisar como **essas diversas exigências se interligam e são expressões necessárias da única missão**. Não seria autêntica uma evangelização que se limitasse a promover a libertação humana, sem anunciar o Reino de Deus e a salvação em Cristo. E, vice-versa, não seria legítimo um anúncio do Reino que não mostrasse de algum modo os sinais da libertação do ser humano face aos males que o oprimem.[45]

ANÚNCIO DO EVANGELHO E SINAIS DE SOLIDARIEDADE

58. A Igreja deve, como Jesus, **anunciar o Reino de Deus** e chamar para a conversão[46], mas deve também,

---

45. Cf. Mt 11,5; Lc 4,18-19.
46. Cf. Mc 1,15.

como Jesus, **realizar aquelas obras ou "sinais"**, que revelam o amor de Deus pela humanidade através do poder do Espírito[47]. Outra formulação, muito densa e bela, da missão da Igreja foi-nos oferecida pelo Papa João Paulo II na Encíclica *Evangelium Vitae*, sobre o valor e a inviolabilidade da vida humana. Dizendo "o Evangelho do amor de Deus pelo homem, o Evangelho da dignidade da pessoa e o Evangelho da vida são um único e indivisível Evangelho"[48], **o Papa une o anúncio de Cristo (o amor de Deus pelo homem) com o empenho da Igreja pela vida humana em todas as suas dimensões**. Cristo, nossa esperança, é a vida em plenitude: este é o coração da mensagem evangélica e o conteúdo fundamental da missão da Igreja, do serviço que ela presta à humanidade.

59. As mesmas preocupações estão evidentes no tema escolhido pelo Papa e na Exortação pós-sinodal do Sínodo dos Bispos para a América, *Ecclesia in America*[49]. O Sínodo, por um lado, convoca os povos da América para o **encontro com Jesus Cristo vivo**. Por outro, demonstra a **solidariedade** dos cristãos com todos os cidadãos, particularmente com os mais sofridos. Condição para realizar esta missão da Igreja é a **comunhão eclesial**, testemunho de unidade dos cristãos entre si e com o próprio Cristo.

60. Especialmente diante do "mundo" e diante dos que estão distantes de Cristo e do seu Evangelho, **a solidariedade da Igreja com todos os seres humanos, sem discriminação, e os serviços que ela presta são os "sinais" hoje indispensáveis**. A Igreja confia essas tarefas a todos

---

47. Cf. Mt 11,4-6; 14,13-21; At 2,42-47; 4,32-35...
48. Cf. *Evangelium Vitae*, 2.
49. Cf. *Ecclesia in America*, 52.

os seus membros. A presença animadora e esclarecedora dos presbíteros é fundamental para superar a dificuldade de reconhecer a dimensão da fé e da caridade no social, no político e na luta pela justiça. A própria Santa Sé, através dos Conselhos "Justitia et Pax" (Justiça e Paz), "Cor Unum" (Um só coração) e da Fundação Populorum Progressio, busca promover o diálogo entre povos em conflito, a reconciliação entre nações e etnias divididas por antigos rancores, promover o desenvolvimento social, defender os direitos dos mais fracos, socorrer as populações em perigo[50]. O Santo Padre pessoalmente, com suas homilias e suas viagens, tem procurado levar, junto com a palavra do Evangelho, forte apelo à justiça e à paz.

A COMPETÊNCIA DOS LEIGOS

61. Não há dúvida de que a tarefa de promover a justiça e a paz, de efetivamente prestar solidariedade e serviço aos irmãos, especialmente aos mais necessitados, é em primeiro lugar responsabilidade dos cristãos que têm competência na economia, na política, nas relações internacionais, no sindicato, nas organizações assistenciais, nos movimentos populares, nas pastorais sociais. O Concílio tinha consciência disso. Na Constituição *Lumen Gentium* afirma que na tarefa de impregnar o mundo do espírito de Cristo e fazer que "atinja mais eficazmente o seu fim na justiça, na caridade e na paz, [...] **compete aos leigos a**

---

50. Os últimos dois documentos mais relevantes destes organismos são o do Pontifício Conselho *Cor Unum* sobre a Fome no Mundo (1996) e o do Pontifício Conselho "Justiça e Paz": *Por uma melhor distribuição da terra — O desafio da reforma agrária (1997)*.

principal responsabilidade". E reconhece que "os leigos são chamados de modo especial a tornar presente e operante a Igreja naqueles lugares e circunstâncias, onde ela **só por meio deles** pode vir a ser sal da terra"[51]. O que significa que os leigos devem agir especialmente lá onde têm competência e preparo específico.

62. Em nosso País, muitas vezes de forma humilde e escondida, outras vezes através de uma atuação pública e destemida, muitos leigos e leigas cristãos lutaram e lutam pela justiça e a paz, dando corajoso testemunho evangélico e contribuindo para o serviço do mundo, cuja responsabilidade última cabe a todo o povo de Deus. Ao mesmo tempo, leigos e leigas contribuem para a edificação da comunidade eclesial, à qual prestam muitos serviços ou ministérios com generosidade e competência. Dessa forma, **a missão evangelizadora da Igreja é realizada por todo o povo de Deus, com sua variedade de vocações e ministérios** — ministros ordenados, consagrados e consagradas, leigos e leigas — que se harmonizam, sem confundir-se, na realização da tarefa comum.

2. O POVO DE DEUS

2.1. IGREJA DA TRINDADE SANTA

63. A Igreja tem consciência de ser **uma presença diferente no mundo**. Ela sabe que está no mundo, mas não é do mundo[52]. Sua raiz última é o mistério insondável do

---

51. Cf. *Lumen Gentium,* 36b; 33b.
52. Cf. Jo 17,14.

Pai, que, por Cristo e no Espírito, quer que todos os homens e mulheres participem de sua vida de infinita e eterna comunhão, na liberdade e no amor, vivendo como filhos e filhas, irmãos e irmãs[53]. Por isso, o Concílio nos ensina que a Igreja não é simplesmente uma *"sociedade"* ao lado de outras, mas um *mistério de comunhão*: "Este é o sagrado mistério da unidade da Igreja, em Cristo e por meio de Cristo, enquanto o Espírito Santo opera a variedade dos dons. O supremo modelo e princípio deste mistério é a unidade na Trindade das pessoas de um só Deus Pai e Filho no Espírito Santo"[54]. A Igreja toda aparece como **"o povo reunido na unidade do Pai e do Filho e do Espírito Santo"**[55].

MISTÉRIO DE COMUNHÃO

64. Nunca é demais, portanto, recordar e insistir que a Igreja é, em primeiro lugar, **um mistério de comunhão,** que reflete, com as limitações de seus membros e os limites do tempo e do espaço, o mistério da comunhão trinitária. A comunhão trinitária torna-se, então, fonte da vida e da missão da Igreja, modelo de suas relações e meta última de sua peregrinação.

2.2. POVO DE DEUS

65. Logo após ter apresentado a Igreja como "mistério" (cap. 1º da *Lumen gentium*), **o Vaticano II apresen-**

---
53. Cf. LG 2-4; AG 2-4.
54. UR 2f.
55. Cf. LG 4.

ta a **Igreja como "Povo de Deus"** (cap. 2º da *Lumen gentium*). Estas duas noções não estão justapostas nem sobrepostas, mas intimamente relacionadas: se a primeira "fala da Igreja em toda a sua amplitude, desde o início da criação no desígnio de Deus, até à consumação celeste..., a outra trata do mesmo mistério, enquanto, no tempo intermédio entre a Ascensão do Senhor e a sua Parusia gloriosa, caminha para a meta bem-aventurada"[56]. O mistério de comunhão exprime-se no tempo — que está entre o primeiro e o segundo Advento do Filho — na comunhão articulada do Povo de Deus. Esta expressão evoca diferentes aspectos da complexa realidade que é a Igreja.

POVO LIVRE E FRATERNO

66. Antes de tudo, a expressão Povo de Deus faz-nos remontar a um momento decisivo das buscas religiosas da humanidade, quando o anseio humano do Absoluto se vê inesperadamente surpreendido e superado pelo advento gratuito da divina revelação: a revelação do nome de Javé a Moisés e **a experiência do êxodo**, cujo resultado é, através da **celebração da Aliança, a constituição de Israel em povo de Deus**. À exigência de uma adesão incondicional e exclusiva a Javé — "não terás outro deus além de mim"[57] — corresponde o amor ao próximo[58]. A expressão concreta deste preceito central é a solidariedade com o pobre [59]. Com efeito, Javé, como não se cansa-

---

56. Acta Synodalia III, I, 210.
57. Cf. Ex 20,1-11.
58. Cf. Ex 23,4-5; Dt 22,1-4; Lv 19,17-18.
59. Cf. Dt 15,7-8; Lv 19,11-15.

rão de repetir os profetas, é Deus dos pobres! Justamente por isso, o significado do êxodo e da Aliança é ao mesmo tempo religioso (revela o rosto de Deus como sumamente próximo e soberanamente transcendente) e social (revela e tutela a dignidade de todo ser humano, sobretudo dos pobres, propondo o estatuto ideal de um povo livre e solidário). A posse da terra — dom de Deus a seus filhos — deve ser o "sacramento" a garantir a liberdade, a dignidade e a segurança conquistadas através do êxodo. O êxodo tinha por meta a liberdade e a fraternidade perfeitas entre os israelitas, filhos e filhas de Deus, que é Deus da vida! **A nova e perfeita Aliança, porém, só se dará em Cristo**: "Foi Cristo quem instituiu a nova Aliança (...) no seu sangue[60], chamando um povo que junto crescesse para a unidade, não segundo a carne, mas no Espírito, e fosse o novo Povo de Deus (...) Este povo messiânico tem por cabeça Cristo (...). Tem por condição a dignidade e a liberdade dos filhos de Deus, em cujos corações habita o Espírito Santo como num templo. Sua lei é o mandamento novo de amar (...). Sua meta é o Reino de Deus".[61]

POVO QUE ABRE CAMINHO PARA O SERVIÇO

67. Em segundo lugar, a expressão Povo de Deus recorda que a Igreja **é uma realidade histórica**, fruto da livre iniciativa de Deus e da livre resposta dos seres humanos. Por isso, ela não pode furtar-se, em nenhuma circunstância, sobretudo nas grandes crises históricas —

---
60. Cf. 1Cor 11,25.
61. LG 9ab partim.

aquelas que marcam as viradas de civilização e de cultura, como a que estamos vivendo hoje — ao dever de fazer escolhas e de abrir caminhos.

68. Situada, na verdade, **entre a primeira vinda do Senhor Jesus em nossa carne mortal e sua segunda vinda em sua glória imortal**, a Igreja participa, de um lado, da transitoriedade deste mundo, cuja "figura passa"[62], e, de outro lado, da definitividade de Deus, que um dia será "tudo em todos"[63]. Os discípulos, que outrora o acolheram na carne humilde e pobre de Jesus de Nazaré através da fé, precisam agora acolhê-lo através do **amor** na carne desprezada e descartada dos famintos, sedentos, migrantes, despojados, doentes e encarcerados,[64] "esperando contra toda **esperança**"[65]. O peregrinar da Igreja entre a Ascensão e a Parusia percorre, na força do Espírito, os passos de Jesus, que foi ungido pelo Espírito para "evangelizar os pobres, proclamar a remissão aos presos e aos cegos a recuperação da vista, para restituir a liberdade aos oprimidos e para proclamar um ano de graça do Senhor"[66]. A Igreja não pode perder de vista o serviço à vida e à esperança, no amor e na liberdade, que é, neste mundo, seu horizonte maior!

---

62. Cf. 1Cor 7,31.
63. Cf. 1Cor 15, 28.
64. Cf. Mt 25,31-46.
65. Cf. Rm 4,18.
66. Cf. Lc 4,18-19.

MAIS IMPORTANTE É O QUE NOS UNE: A CONDIÇÃO CRISTÃ

69. A expressão Povo de Deus indica, em seguida, a Igreja **"em sua totalidade"**, ou seja, **naquilo que é comum a todos os seus membros**. Esta foi, sem dúvida, uma das maiores aquisições do Vaticano II e deve fazer valer todo o seu peso quando se trata de refletir sobre missão da Igreja e ministérios dos cristãos e cristãs leigos. Ao colocar, na *Lumen Gentium*, antes dos capítulos sobre a hierarquia (cap. III) e o laicato (cap. IV), o capítulo sobre o Povo de Deus (cap. II) — onde se sublinha tudo o que é comum a todos os membros da Igreja — o Vaticano II superou a concepção de Igreja como **"sociedade desigual"**[67], que favorecia aquela distância entre hierarquia e laicato, que o Novo Testamento não conhecia e que se revelou prejudicial para o testemunho cristão no mundo.

70. A noção de Povo de Deus, com efeito, exprime a **profunda unidade, a comum dignidade e a fundamental habilitação de todos os membros da Igreja à participação na vida da Igreja e à corresponsabilidade na missão**. Antes e além de toda e qualquer diferenciação carismática e ministerial, está a **condição cristã**, que é

---

67. Cf., por exemplo, LG 32b: "Não há, pois, em Cristo e na Igreja, nenhuma desigualdade em vista de raça ou nação, condição social ou sexo, por quanto 'não há judeu ou grego, não há servo ou livre, não há varão ou mulher, porque todos vós sois um em Cristo Jesus' (Gl 3,28 grego; cf. Cl 3,11) ... E ainda que alguns por vontade de Cristo sejam constituídos mestres, dispensadores dos mistérios e pastores em benefício dos demais, reina, contudo, entre todos verdadeira igualdade quanto à dignidade e à ação comum a todos os fiéis na edificação do Corpo de Cristo...".

comum a todos os membros da Igreja. O texto conciliar que exprime com maior eficácia esta profunda unidade e comum dignidade de todos os membros do Povo de Deus está situado justamente no capítulo da *Lumen gentium* dedicado aos leigos: "Um é pois o povo eleito de Deus: 'um só Senhor, uma só fé, um só batismo'[68]. Comum a dignidade dos membros pela regeneração em Cristo. Comum a graça de filhos. Comum a vocação à perfeição. Uma só a salvação, uma só a esperança e indivisa a caridade. Não há, pois, em Cristo e na Igreja, nenhuma desigualdade em vista de raça ou nação, condição social ou sexo, porquanto 'não há judeu ou grego, não há servo ou livre, não há varão ou mulher, porque todos vós sois um em Cristo Jesus' "[69].

71. Faz parte desta condição comum — dada pela fé, esperança e caridade e pelos sacramentos do batismo, da crisma e da eucaristia — a participação de todo o Povo de Deus nas funções profética, sacerdotal e real de Cristo.

PARTICIPAÇÃO NA FUNÇÃO PROFÉTICA

72. O Povo de Deus participa da **função profética** de Cristo "pela difusão de seu testemunho vivo, sobretudo através de uma vida de fé e caridade, e pelo oferecimento a Deus do sacrifício de louvor, fruto de lábios que confessam o seu nome"[70]. Além disso, graças à unção do Espírito Santo[71], "o conjunto dos fiéis (...) não pode enga-

---
68. Cf. Ef 4,5.
69. Cf. LG 32, que cita Gl 3,28; cf. Cl 3,11.
70. LG 12a; cf. Hb 13,15.
71. Cf. 1Jo 2,20.27.

nar-se no ato de fé e manifesta esta sua peculiar propriedade mediante o senso sobrenatural da fé de todo o povo quando, "desde os Bispos até os últimos fiéis leigos", apresenta um consenso universal sobre questões de fé e costumes. Por este senso da fé, suscitado e sustentado pelo Espírito da verdade, o Povo de Deus — sob a direção do sagrado Magistério, a quem fielmente respeita — não já recebe a palavra de homens, mas verdadeiramente a palavra de Deus[72]; apega-se indefectivelmente à fé uma vez para sempre transmitida aos santos[73]; e, com reto juízo, penetra-a mais profundamente e mais plenamente a aplica à vida"[74]. À função profética pertencem **as várias modalidades de relação entre a comunidade dos fiéis e a palavra de Deus**: sua acolhida na fé, sua vivência no amor, seu testemunho exterior, seu aprofundamento pela catequese e pela reflexão teológica, a denúncia em seu nome, o anúncio pela pregação, sua meditação na oração pessoal, sua celebração na liturgia comunitária. A pregação da palavra não foi confiada somente a alguns, mas a todos[75]. A palavra cria e reúne constantemente a Igreja, despertando nela a fé e a obediência; e é da Igreja que a palavra deve sempre de novo sair para que ela ressoe em toda a terra[76]. Aqueles que foram 'chamados' pela palavra[77] devem não só testemunhá-la, mas pregá-la, segundo o carisma próprio a cada um[78]. Com efeito, "todos fica-

---

72. Cf. 1Ts 2,13.
73. Cf. Jd 3.
74. LG 12a.
75. Cf. 1Pd 2,9; 3,15; Mt 10,27.
76. Cf. Rm 10,8-18.
77. Cf. Rm 1,6; 1Cor 1,24; Hb 9,15.
78. Cf. 1Cor 14,26.

ram repletos do Espírito Santo, e proclamavam com firmeza a palavra de Deus"[79], realizando, assim, o desejo de Moisés e as promessas dos profetas: "Oxalá todo o povo de Deus fosse profeta, dando-lhe Javé o seu Espírito!"[80]

PARTICIPAÇÃO NA FUNÇÃO SACERDOTAL

73. A participação no **sacerdócio de Cristo** faz da Igreja um **povo sacerdotal**. Há, com efeito, um único e indivisível sacerdócio: o de Jesus Cristo. Seu sacerdócio não é um sacerdócio ritual, nos moldes do Antigo Testamento. Jesus não pertencia à tribo sacerdotal de Levi, mas à de Judá: "É bem conhecido, de fato, que nosso Senhor surgiu de Judá, tribo a respeito da qual Moisés nada diz quando trata dos sacerdotes"[81]; sua atividade se assemelhava mais à dos antigos profetas que à dos sacerdotes judeus; as esperanças messiânicas suscitadas por Sua pessoa e atividade são interpretadas mais na linha de um messianismo real do que de um messianismo sacerdotal; Ele morre fora do espaço sagrado da Cidade e do Templo... Seu sacerdócio — segundo a Carta aos Hebreus — é um *sacerdócio existencial* e consiste, fundamentalmente, na entrega de todo o seu ser e existência ao Pai, no Espírito, e aos irmãos e às irmãs, reconciliando-os com o Pai e entre si, realizando, assim, uma vez por todas, a perfeita e insuperável mediação entre Deus e os homens.

---

79. At 4,31; cf. 8,4; 11,19.
80. Cf. Nm 11,29; cf. Ez 36,27; Jl 3,1-2.
81. Hb 7,14; cf. Mt 1,20ss; Lc 1,27;

74. "Aderindo a Cristo sacerdote por meio da fé, deixando-se purificar por seu sangue e santificar pela oferta do seu corpo, entrando no movimento do seu sacrifício[82], os cristãos se tornam capazes de dar a Deus um culto autêntico, que consiste na *transformação de sua existência pela caridade divina*"[83]. Por sua participação no único sacerdócio de Cristo, o Povo de Deus da Nova Aliança é **conjuntamente sacerdotal**[84]. Com efeito, todos os cristãos são chamados a "oferecer sacrifícios espirituais agradáveis a Deus por meio de Jesus Cristo", a "elevar incessantemente a Deus, por meio de Jesus Cristo, um sacrifício de louvor" [85]e a "não se esquecer de fazer o bem e de praticar a mútua ajuda comunitária, pois estes são os sacrifícios que agradam a Deus"[86]; por isso, devem "eles próprios apresentar-se a Deus em sacrifício

---

82. Cf. Hb 9,14; 10,10.19-25.

83. Cf. A. VANHOYE, *Sacerdotes antiguos, sacerdote nuevo según el Nuevo Testamento*, Salamanca, 1984, 243.

84. Op. cit., 257-260. Lembre-se, porém, das distinções no interior do povo sacerdotal: "Tanto o sacerdócio comum dos fiéis como o sacerdócio ministerial ou hierárquico 'ordenam-se um ao outro, embora se diferenciem na essência e não apenas em grau, pois ambos participam, cada qual a seu modo, do único sacerdócio de Cristo' (cf. LG 10). Entre eles dá-se uma eficaz unidade, porque o Espírito Santo unifica a Igreja na comunhão e no serviço e a provê de diversos dons hierárquicos e carismáticos (cf. LG 4)" (*Instrução acerca de algumas questões sobre a colaboração dos fiéis leigos no sagrado ministério dos sacerdotes,* Princípios teológicos, 1). Cf. também CIC 1141-1142.

85. Cf. 1Pd 2,5. Veja também o belo texto de Beda o Venerável, *Comentário à Primeira Carta de São Pedro, cap. 2,* em PL 93,50-51, citado no Ofício das Leituras da Segunda-feira da 3ª Semana do Tempo Pascal.

86. Hb 13,15s.

vivo e santo que lhe seja agradável"[87]. A vocação dos cristãos não os leva "a pôr sua confiança em ritos exteriores, mas a passar pelo **sacrifício existencial de Cristo** e valer-se, assim, de sua mediação sacerdotal"[88]. O Catecismo Tridentino explica esta realidade do sacerdócio comum dos fiéis num texto particularmente iluminante: "No que diz respeito ao sacerdócio interior, todos os fiéis, após terem sido purificados pela água salutar, são chamados sacerdotes; sobretudo, porém, os justos, que têm o Espírito de Deus e que, pelo dom da graça de Deus, foram feitos membros vivos de Jesus Cristo Sumo Sacerdote. Estes, de fato, graças à fé, que se faz ardente pela caridade, imolam a Deus vítimas espirituais no altar do próprio coração; neste gênero, devem ser consideradas todas as ações boas e honestas, que se endereçam à glória de Deus"[89]. O sacerdócio comum é, pois, um sacerdócio comum a todos os fiéis, isto é, a todos os batizados enquanto professam e vivem a fé. Neste sentido, não é nenhum ministério, mas "**o culto cristão existencial**, que consiste na transformação da totalidade da vida por meio da caridade divina"[90]. É, portanto, a própria vida cristã, feita de fé, de esperança e de caridade. É a vivência, suscitada e sustentada pelo Espírito, da vocação universal à santidade, colocando-se a serviço de Deus e de seu Reino, como prosseguimento, na força do Espírito, da prática de Jesus!

---

87. Rm 12,1.
88. Cf. A. VANHOYE, op. cit., 243.
89. Catecismo do Concílio de Trento, Segunda Parte, Capítulo VII, 23.
90. A. VANHOYE, op. cit., 320.

PARTICIPAÇÃO NA FUNÇÃO REAL

75. A função real é a expressão mais densa das múltiplas e complexas relações que se dão **entre a Igreja e o Reino de Deus**[91]. Além de centro e resumo[92], "a proclamação e a instauração do Reino de Deus são o objetivo da missão de Jesus: 'pois foi para isso que fui enviado'"[93]. Em Jesus, o Reino de Deus está próximo[94] e é já realidade presente[95]. O Reino de Deus, na verdade, é um acontecimento que coincide com a pregação e o ministério de Jesus, sendo ele mesmo a Boa Notícia[96]: através do anúncio e da práxis de Jesus, Deus mesmo intervém de maneira decisiva e definitiva na história humana[97]. A vinda do Reino é reconhecível pela fé[98] nos sinais que Jesus realiza[99]: no sentar-se à mesa com os pecadores[100], nos milagres[101], nos exorcismos[102], na escolha dos Doze[103], no anúncio da Boa Nova aos pobres[104], no reconhecimento e valorização da dignidade das mulheres, nos gestos de sal-

---

91. Cf. RMi 12-20.
92. Cf. Mc 1,14-15; Mt 4,17.43 par.; Lc 4,43 par.
93. RMi 13; cf. Lc 4,43.
94. Cf. Mc 1,15; Mt 4,17; 10,7; 21,1.34;26,45-46.
95. Cf. Mt 12,28; Lc 10,18; 11,20.
96. Cf. RMi 13.
97. Cf. Lc 17,20-21.
98. Cf. Mt 16,1-3.
99. Cf. RMi 13b.
100. Cf. Mt 9,12; Lc 7,36-50; 19,1-10.
101. Cf. Mt 11,4-5.
102. Cf. Mt 12,25-28.
103. Cf. Mc 3,13-19.
104. Cf. Lc 4,18.

vação e libertação em favor dos pobres, humildes e pecadores[105]. O Reino de Deus é, sem dúvida, um acontecimento que se manifesta no coração humano — pois é interior a relação com Deus pela fé e pela conversão[106] — mas também se manifesta nas relações entre as pessoas e nas estruturas que lhes correspondem. No centro do acontecimento do Reino, está, de um lado, a autocomunicação de Deus que é Pai — com o qual Jesus vive intimidade única, a ponto de chamá-lo Abbá-papai[107] — e, de outro, a sua predileção pelos pobres, pelos últimos, pelos pecadores[108]. Esta experiência de Jesus tem conseqüências seja para a atitude religiosa do ser humano — uma atitude filial de confiança, de simplicidade, de abandono total[109] — seja para a sua prática social, que descobre o outro — sobretudo o último, o pequeno, o pobre, o inimigo, o estrangeiro — como irmão[110]. Por isso, "o Reino diz respeito a todos: às pessoas, à sociedade, ao mundo inteiro; trabalhar pelo Reino significa reconhecer e favorecer o dinamismo divino que está presente na história humana e a transforma; construir o Reino quer dizer trabalhar para a libertação do mal, sob todas as formas; em resumo, o Reino de Deus é a manifestação e a atuação de seu desígnio de salvação, em toda a plenitude"[111].

---

105. Cf. Mt 11,2-6.
106. Cf. Mc 1,15; 10,15; Jo 3,3.
107. Cf. Mc 14,36.
108. Cf. Mt 5,3.4.6.11-12; Lc 6,20-23.
109. Cf. Mt 6,25-34; 7,7-11; Lc 15,11-32.
110. Cf. Mc 12,28-34; Mt 5,23-24.43-44; Mt 25,31-46; Lc 10,29-37; Jo 13,34;15,12-13.17.
111. RMi 14.

76. O próprio Jesus — tanto em seu ministério terreno[112] como em sua condição de ressuscitado[113] — **enviou os discípulos a proclamarem o Reino de Deus**. A Igreja — que tem o Cristo morto e ressuscitado, por cabeça, a dignidade e a liberdade dos filhos de Deus por condição, o mandamento novo de amar como o próprio Cristo nos amou por lei — tem por meta o Reino de Deus. Este Reino, iniciado pelo próprio Deus na terra, deve estender-se mais e mais até que no fim dos tempos seja consumado por Ele próprio, quando aparecer Cristo, nossa vida[114]. Então "a própria criatura será libertada do cativeiro da corrupção para a gloriosa liberdade dos filhos de Deus"[115]. Neste sentido, a Igreja, embora conheça "o segredo do Reino"[116] e seja na terra seu germe e início[117], "não é fim em si mesma; pelo contrário, deseja intensamente ser toda de Cristo, em Cristo e para Cristo, e toda dos seres humanos, entre os seres humanos e para os seres humanos"[118]. O Reino de Deus, na verdade, é maior que a Igreja e que o mundo; está, todavia, presente e atuante tanto na Igreja como no mundo, embora de forma diferente: na Igreja, de modo sacramental e consciente; no mundo, de modo oculto e inconsciente. A Igreja, na verdade, não é o Reino, mas o seu sacramento, o "Reino em mistério"[119]. Enquanto

---

112. Cf. Lc 10.
113. Cf. Mt 28, 18-20; Mc 16, 15-20; Lc 24, 46-48; Atos 1, 8.
114. Cf. Cl 3,4.
115. LG 9b; cf. Rm 8,21
116. Cf. LG 48.
117. Cf. LG 5.
118. PAULO VI, *Discurso de Abertura da III Sessão do Conc. Ecum. Vat. II*: AAS 56 (1964) 810.
119. LG 5.

sinal e instrumento do agir salvífico de Cristo no Espírito, a Igreja não é apenas caminho, mas a primeira beneficiária da salvação, o primeiro fruto da salvação já realizada em Cristo e — justamente por isto — a sua serva humilde e pobre, sempre necessitada de conversão e de renovação[120]. **Para isto existe a Igreja: para o Reino de Deus**, que o Cristo glorificado, na força do Espírito, continua a realizar na história humana, onde a Igreja "vive entre as criaturas que gemem e sofrem como que dores de parto até o presente e aguardam a manifestação dos filhos de Deus"[121]. Existindo em si mesma, mas não para si mesma — pois é sacramento, isto é, sinal e instrumento de salvação e libertação[122] — "as alegrias e as esperanças, as tristezas e as angústias dos homens de hoje, sobretudo dos pobres e de todos os que sofrem, são também as alegrias e as esperanças, as tristezas e angústias dos discípulos de Cristo"[123]. Assim como o Filho do Homem "veio, não para ser servido, mas para servir e dar a sua vida em resgate por todos"[124], a Igreja toda deve — cada vez mais — colocar-se "efetiva e concretamente a serviço do Reino"[125], para que "todos tenham vida e vida em plenitude"[126]. A função real — que tanto no Concílio como depois dele foi também apresentada como 'caridade', 'serviço' e 'liberdade' — exprime a liberdade dos filhos de Deus em relação a si mesmos, aos outros e aos bens deste

---

120. Cf. LG 8.
121. LG 48, que cita Rm 8,19-22; cf. LG 9b.
122. Cf. LG 1, 48.
123. GS 1.
124. Mt 20,28; cf. Gl 2,6-7.
125. Cf. RMi 20.
126. Jo 10,10.

mundo, o que os torna capazes de amar e servir, sobretudo aos pobres e pequenos, colocando-se a serviço de Deus e de seu Reino[127].

UMA SÓ MISSÃO ASSUMIDA POR TODOS

77. A expressão Povo de Deus é também apropriada para ressaltar que a **missão da Igreja não é responsabilidade de alguns, mas de todos**. Nascendo das divinas missões do Filho e do Espírito, a Igreja é missionária: "A Igreja peregrina é por sua natureza missionária. Pois ela se origina da missão do Filho e do Espírito Santo, segundo o desígnio de Deus Pai. Este desígnio provém do "amor fontal" ou da caridade de Deus Pai, que é o Princípio sem Princípio e do qual é gerado o Filho e pelo Filho procede o Espírito Santo" [128]. Todo o Povo de Deus não só é responsável pela vida, mas também pela missão da Igreja, na Igreja e no mundo. A *Lumen Gentium* o diz claramente: "Os sagrados pastores conhecem, com efeito, perfeitamente quanto os leigos contribuem para o bem de toda a Igreja. Pois eles próprios sabem que Jesus Cristo não os instituiu para se encarregarem sozinhos de toda a missão salvadora da Igreja para com o mundo, mas que o seu cargo sublime consiste em pastorear de tal modo os fiéis e de tal modo reconhecer os seus serviços e carismas, que todos, cada um segundo o seu modo próprio, cooperem na obra comum"[129]. É neste sentido que se pode falar de "Igreja toda ministerial", de "corresponsabilidade dife-

---

127. Cf. CfL 14.
128. AG 2a; cf. Jo 20,21; 16,7; Gl 4,6.
129. LG 30.

renciada", de "todos responsáveis na Igreja", de "Igreja de responsabilidades apostólicas compartilhadas", de "Igreja toda em serviço", de "comunidade enviada de serviço", de "comunhão e participação" (Puebla) ou de "comunhão e missão" (CNBB).

UNIDADE NA DIVERSIDADE

78. A expressão Povo de Deus, finalmente, ilumina **a unidade da Igreja** na variedade católica dos carismas, das funções, das Igrejas Particulares, das tradições, das culturas, que, longe de destruir a unidade da Igreja, a aperfeiçoam[130]. Com efeito, a plenitude da unidade — suscitada e vivificada pelo Espírito — é o fundamento de toda possível distinção na Igreja: "Por instituição divina, a Santa Igreja é estruturada e regida com admirável variedade. 'Pois como em um só corpo temos muitos membros, mas todos os membros não têm a mesma função, assim nós, embora sejamos muitos, somos um só corpo em Cristo, e somos membros uns dos outros'"[131].

CARISMAS, SERVIÇOS E MINISTÉRIOS VÁRIOS

79. Convém, na verdade, ressaltar que, de uma maneira muito apropriada, a expressão Povo de Deus evoca **a variedade de carismas, serviços e ministérios** que o Senhor reparte entre os fiéis em vista da vida e da missão da

---

130. Acta Synodalia III, I, 500s.
131. LG 32a., que cita Rm 12,4-5.

Igreja. Com efeito, a comum incorporação a Cristo e à Igreja — realizada pelos sacramentos de iniciação — é constantemente enriquecida por inesgotável pluralidade de carismas, serviços e ministérios. Esta é a perspectiva do Vaticano II, quando ensina: "Não é apenas através dos sacramentos e dos ministérios que o Espírito Santo santifica e conduz o Povo de Deus e o orna de virtudes, mas, repartindo seus dons "a cada um como lhe apraz"[132], distribui entre os fiéis de qualquer classe mesmo graças especiais. **Por elas os torna aptos e prontos a tomarem sobre si os vários trabalhos e ofícios**, que contribuem para a renovação e maior incremento da Igreja, segundo estas palavras: "A cada um é dada a manifestação do Espírito para utilidade comum"[133]. Estes carismas, quer eminentes, quer mais simples e mais amplamente difundidos, devem ser recebidos com gratidão e consolação, pois são perfeitamente adequados e úteis às necessidades da Igreja. Os dons extraordinários, todavia, não devem ser temerariamente pedidos nem deles devem presunçosamente ser esperados frutos de obras apostólicas. O juízo sobre sua autenticidade e seu ordenado exercício compete aos que governam a Igreja. A eles, em especial, cabe não extinguir o Espírito, mas provar as coisas e ficar com o que é bom"[134].

---

132. 1Cor 12,11.
133. 1Cor 12,7.
134. LG 12b; cf. 1Ts 5,12.19.21.

DOM DE DEUS E BUSCA HUMANA

80. Na verdade — **no tocante aos ministérios eclesiais** — **a Igreja, atenta às indicações do Espírito Santo**, em função de suas necessidades internas e dos desafios da missão no mundo, **vai se estruturando e organizando**. O Novo Testamento nos mostra este processo em curso. Ele não oferece um modelo único do modo de se estruturar a Igreja. Mostra, isso sim, diversos exemplos, respondendo às demandas dos diferentes contextos históricos e culturais. Também encontramos no Novo Testamento informações referentes a épocas distintas. Estes testemunhos são diversificados: nenhum deles pode ser considerado exclusivo e excludente dos demais. Por isso, a Igreja, fiel a Cristo e guiada pelo Espírito Santo, não deveria ter medo de aceitar e de criar novos modelos, satisfazendo assim às exigências de sua vida e missão nos diversificados contextos em que atua.

CARISMA E MINISTÉRIO: DISTINGUINDO E UNINDO

81. Dois elementos interrelacionados estão subjacentes a todo este processo: **a atuação do Espírito Santo na comunidade dos fiéis (= dimensão do dom transcendente) e a busca humana das melhores opções (= dimensão do empenho humano)** "para aperfeiçoar os santos em vista do ministério, para a edificação do Corpo de Cristo, até que alcancemos todos a unidade da fé e do conhecimento do Filho de Deus, o estado de homem perfeito à medida da

estatura da plenitude de Cristo"[135]. O exemplo mais claro desta busca ativa e criativa no Espírito está documentado em At 6,1-6: quando surge o primeiro conflito na comunidade de Jerusalém (6,1), são os Apóstolos que "convocam a assembléia dos discípulos" (6,2), conduzem o discernimento e indicam uma solução (6,2-3), mas é a assembléia que aprova a proposta dos apóstolos e escolhe os ministros (6,4-5), que, uma vez apresentados aos apóstolos, recebem deles a imposição das mãos (6,6).

82. Alguns textos do Novo Testamento apontam para **uma íntima relação entre carisma e serviço/ministério**. Os mais conhecidos são 1Cor 12,4-11.28-30; Rm 12,4-8; Ef 4,10-13; 1Pd 4,10; 2Tm 1,6. Mais especificamente: "Há diversidade de dons, mas o Espírito é o mesmo; diversidade de ministérios, mas o Senhor é o mesmo; diversos modos de ação, mas é o mesmo Deus que realiza tudo em todos. Cada um recebe o dom de manifestar o Espírito para a utilidade de todos. A um o Espírito dá..."[136]. "Tendo, porém, dons diferentes, segundo a graça que nos foi dada, (...)"[137]. "É ele que concedeu a uns ser apóstolos, a outros profetas, a outros evangelistas, a outros pastores e mestres..."[138]. "Todos vós, conforme o dom que cada um recebeu, consagrai-vos ao serviço uns dos outros, como bons dispenseiros da multiforme graça de Deus"[139]. "Eu te exorto a reavivar o dom de Deus, que há

---
135. Cf. Ef 4,12-13.
136. 1Cor 12,4-8a.
137. Rm 12,4ss.
138. Ef 4,11.
139. 1Pd 4,10.

em ti pela imposição das minhas mãos. Pois Deus não nos deu um espírito de medo, mas espírito de força, de amor e de sobriedade"![140]

QUE SE ENTENDE POR MINISTÉRIO?

83. Há forte tendência, hoje, na teologia e na prática pastoral, de considerar ministério, fundamentalmente, **o carisma que assume a forma de serviço à comunidade e à sua missão no mundo e na Igreja e que, por esta, é como tal acolhido e reconhecido.**

84. Ministério é, antes de tudo, **um carisma**, ou seja, **um dom do Alto, do Pai, pelo Filho, no Espírito, que torna seu portador apto a desempenhar determinadas atividades, serviços e ministérios em ordem à salvação**[141]. Numa perspectiva trinitária, é preciso ressaltar aqui a unidade na variedade e a variedade na unidade[142]. Ao falar-se de carismas, não se deveria privilegiar os mais extraordinários e espetaculares, mas os que sustentam a fé e ajudam-na a encarnar-se. Ao lado da capacidade de operar milagres, Paulo recorda o carisma da assistência e do governo da comunidade[143]. Diante da tentação de excluir

---

140. 2 Tm 1,6.
141. Cf. LG 12b. Além deste texto conciliar, é oportuno lembrar a preciosa síntese que a Exortação *Christifideles laici* faz no n. 24 a respeito dos carismas: a) são dons e impulsos especiais; b) assumem as mais variadas formas; c) têm uma utilidade eclesial; d) florescem também em nossos dias e podem gerar uma afinidade espiritual entre as pessoas; e) devem ser recebidos com gratidão; f) necessitam de discernimento; g) devem estar referidos aos pastores da Igreja.
142. Cf. 1Cor 12,4ss.
143. Cf. 1Cor 12,28.

da lista dos carismas os serviços mais humildes e estáveis, Paulo afirma o valor destes serviços, como no corpo humano, onde os membros menos nobres são os que cercamos de maior honra[144]. Não se pode esquecer que a função de Apóstolos — aos quais, de alguma forma, sucedem, na Igreja, os ministros ordenados — situa-se também no conjunto dos carismas[145] e, em Paulo, vem em primeiro lugar[146]. Na verdade, todos os carismas, serviços e ministérios de que a Igreja é dotada pelo Espírito para cumprir a sua missão se complementam, cooperam uns com os outros e se integram, como os membros de um corpo[147]; no respeito ao princípio de subsidiariedade[148].

85. Nem todo carisma, porém, é ministério. Certamente, a dimensão do serviço deve caracterizar todo carisma,[149] e seu portador deve aspirar ao dom maior, que é o amor[150]. **Mas só pode ser considerado ministério o carisma que, na comunidade e em vista da missão na Igreja e no mundo, assume a forma de serviço bem determinado, envolvendo um conjunto mais ou menos**

---

144. Cf. 1Cor 12,22-26.
145. Cf. 1Tm 1,6; LG 21.
146. Cf. 1Cor 12,28-29; Ef 4,11.
147. Cf. 1Cor 12,12-27.
148. "... deve-se respeitar o princípio de subsidiariedade: uma sociedade de ordem superior não deve interferir na vida interna de uma sociedade de ordem inferior, privando-a das suas competências, mas deve antes apoiá-las em caso de necessidade e ajudá-la a coordenar a sua ação com a das outras componentes sociais, tendo em vista o bem comum" (CA, 48). Confira também os números 4 e 5 do Prefácio do Código de Direito Canônico que aplica este princípio à vida eclesial.
149. Cf. 1Cor 12,7.25; Rm 12,9-21.
150. Cf. 1Cor 13,1-14,1a.

amplo de funções, que responda a exigências permanentes da comunidade e da missão, seja assumido com estabilidade, comporte verdadeira responsabilidade e seja acolhido e reconhecido pela comunidade eclesial.

86. **A recepção ou reconhecimento do ministério pela comunidade eclesial** é essencial ao ministério, porque o ministério é uma atuação pública e oficial da Igreja, tornando seu portador, num nível maior ou menor, seu **representante**. Esta "recepção" ou "reconhecimento" dos ministérios **tem modalidades e graus diversos**, dependendo da natureza da função, ou seja, da sua relação com a identidade e a missão da Igreja[151].

TIPOLOGIA DOS MINISTÉRIOS

87. Na reflexão teológica e pastoral, têm-se distinguido os seguintes **grupos de ministérios**: a) ministérios simplesmente **"reconhecidos"** (às vezes, impropriamente, chamados ministérios "de fato"), quando ligados a um serviço significativo para a comunidade, mas considerado não tão permanente, podendo vir a desaparecer, quando variarem as circunstâncias; [152] b) ministérios **"confiados"**, quan-

---

151. Para um aprofundamento, veja especialmente o artigo 1 nas *Disposições práticas* da *Instrução* citada na nota 84.

152. Recebem o nome de "reconhecidos" porque muitas das funções que os leigos e as leigas exercem — em vários níveis da Igreja — são assumidos sem nenhuma formalidade canônica e, mesmo, sem um gesto litúrgico; mas são formas verdadeiramente ministeriais de se assumir corresponsavelmente a vida e a missão da Igreja, dentro do processo comunitário e do planejamento eclesial e recebem o "reconhecimento" — em modalidades que variam muito — da comunidade e de outras instâncias eclesiais.

do conferidos ao seu portador por algum gesto litúrgico simples ou alguma forma canônica[153] ; c) ministérios **"instituídos"**, quando a função é conferida pela Igreja através de um rito litúrgico chamado "instituição"; d) ministérios **"ordenados"** (também chamados **apostólicos** ou **pastorais**), quando o carisma é, ao mesmo tempo, reconhecido e conferido ao seu portador através de um sacramento específico, o sacramento da Ordem, que visa a constituir os ministros da unidade da Igreja na fé e na caridade, de modo que a Igreja se mantenha na tradição dos Apóstolos e, através deles, fiel a Jesus, ao seu Evangelho e à sua missão. O ministério ordenado, numa eclesiologia de totalidade e numa Igreja toda ministerial, não detém o monopólio da ministerialidade da Igreja. **Não é, pode-se dizer, a "síntese dos ministérios", mas o "ministério da síntese"**. Seu carisma específico é o da **presidência da comunidade** e, portanto, da animação, coordenação e — com a indispensável participação ativa e adulta de toda a comunidade — do discernimento final dos carismas[154]. Fruto de um dom do Espírito [155] — o protagonista da missão — que se reconhece e se comunica poderosamente no ato sacramental da ordenação, o ministro ordenado está a serviço do Espírito, que deve ser sempre de novo reconhecido e acolhido, na Igreja e no mundo, e a serviço de Cristo, Servo e Cabeça da Igreja. Os ministérios "reconhecidos", "confiados" e "instituídos" — tomados em

---

153. É o caso, por exemplo, dos ministérios da sagrada comunhão e do batismo e de outros ministérios cuja colação e exercício dependem de "iniciativa prévia" da autoridade na Igreja, às vezes o próprio pároco, às vezes o bispo ou alguém delegado por ele.

154. Cf. LG 11b.

155. Cf. LG 7c.

conjunto — formam os *ministérios não-ordenados*, isto é, que não exigem a ordenação.

88. Na Igreja latina, por enquanto, os ministérios instituídos são apenas os ministérios de Leitor e Acólito, criados pelo Papa Paulo VI, no Motu proprio *Ministeria quaedam*, de 15 de agosto de 1972. O "modelo" para a criação de outros ministérios instituídos foi dado, mas a Igreja tem preferido limitar-se a formas menos institucionalizadas de ministérios, como são os "reconhecidos" e os "confiados". Algumas Dioceses têm desenvolvido um trabalho orgânico no sentido de, a partir das necessidades das comunidades e dos carismas de seus membros, desenvolver ministérios que são conferidos, através de um rito litúrgico presidido pelo Bispo, a pessoas escolhidas pelas próprias comunidades, numa espécie de "instituição" sob a responsabilidade da Igreja Particular. **A instituição oficial de ministros leigos numa comunidade, seguindo um ritual litúrgico próprio**, previsto para esta circunstância, **pode assumir um significado muito grande para o fortalecimento da dimensão eclesial dos ministérios leigos**, contanto que faça parte de um projeto diocesano e seja a culminância de um processo de valorização dos leigos nas comunidades.

São diversos os valores eclesiais que podem ser fortalecidos com este processo:

— o envolvimento da comunidade na indicação de seus ministros recupera a dinâmica da Igreja Primitiva, de participação da comunidade nas responsabilidades do ministério apostólico;
— a indicação clara de leigos para assumirem responsabilidades eclesiais ajuda a superar uma mentalidade

longamente implantada, de centralização do ministério nas mãos das pessoas ordenadas, como se só elas pudessem exercer ministérios na Igreja;

— a instituição de ministros faz que a comunidade reconheça que eles são parte de sua vida, favorecendo uma melhor compreensão de que todos os cristãos participam da missão da Igreja;

— a instituição de ministros possibilita ainda uma distribuição de tarefas que libera o ministro ordenado para tarefas mais específicas de seu ministério e fortalece a identificação do povo com a Igreja, que passa a contar com pessoas que assumiram claramente responsabilidades pela vida e missão eclesiais;

— a instituição de ministros leigos, a partir de um ato que conta com a presença do Bispo Diocesano, torna mais visível a unidade de atuação de todos os ministérios na Diocese, ao mesmo tempo que se abre caminho para a salutar diversidade e descentralização, que vai ao encontro das necessidades próprias de cada comunidade.

89. Alguns dos ministérios que os leigos e as leigas exercem são chamados de ministérios de **"suplência"**[156], porque, embora seu exercício não dependa da ordenação, as funções neles implicadas são historicamente consideradas próprias e típicas do ministério ordenado. Portanto, quando os leigos ou leigas as assumem, estão suprindo a falta ou impossibilidade de ministros ordenados. A ques-

---

156. Cf. *Instrução acerca de Algumas Questões sobre a Colaboração dos fiéis leigos no Sagrado Ministério dos Sacerdotes*: Princípios Teológicos, 2 (que cita CfL 23); Disposições práticas: art. 1§3 (que cita o CDC, cân. 230,§3); art. 2,§4; art. 8,§2.

tão de fundo que se poderia colocar em relação a esta situação é a seguinte: se estas funções, embora próprias e típicas do ministério ordenado, podem, em determinadas circunstâncias, ser assumidas por leigos e leigas, por que não se pensar numa reorganização mais ousada dos ministérios eclesiais, criando verdadeiros e próprios "ofícios" a serem conferidos a leigos e leigas estavelmente e com responsabilidade própria e não simplesmente como "suplência"? Do ponto de vista teológico, se um leigo ou leiga pode suprir o ministro ordenado em determinadas ações, significa que está habilitado para tanto, em virtude dos sacramentos de iniciação. Por outro lado, nas atuais circunstâncias, em muitos lugares, a suplência não tem o caráter de eventualidade ou de provisoriedade, mas de situação pastoral normal e habitual, sem previsão razoável de mudança desse quadro.

90. Também **a distinção entre "ministérios "ad intra" e ministérios "ad extra"** merece uma reflexão mais aprofundada. Que, de um lado, existam funções voltadas mais para a edificação e a manutenção da comunidade eclesial e, de outro, funções marcadamente destinadas à atuação da Igreja na sociedade, é um dado de fato. Aliás, salta à vista também que, nas atuais circunstâncias, na maioria de nossas Igrejas Particulares, temos um número muito maior de leigos e leigas engajadas em tarefas catequéticas e litúrgicas do que, por exemplo, nas pastorais sociais ou nas atividades missionárias. A distinção entre ministérios "ad intra" e ministérios "ad extra" baseia-se numa visão teológica que separa rigidamente e inadequadamente "Igreja" e "mundo" e, conseqüentemente, "vida" da Igreja e "missão" da Igreja, "vida interna da Igreja" e "missão da Igreja no mundo". Na verdade, a expressão "missão da

Igreja" ou "ministério da Igreja" engloba num único dinamismo, embora complexo e articulado, a vida interna da Igreja e sua atuação no mundo. Se entendermos que a Igreja é aquela porção da humanidade que professa, proclama, vive, celebra e serve ao mistério da salvação que Deus opera no mundo e na história, **tudo na Igreja e todos na Igreja estão a serviço** desse mesmo desígnio de salvação e libertação. Não é preciso "sair" da Igreja para "ir" ao mundo, como não é preciso "sair" do mundo para "entrar" e "viver" na Igreja. A **palavra** será sempre palavra da Igreja sacramento, serva da obra de salvação de Deus na história e no mundo. A **liturgia** — que é "o cume para o qual tende a ação da Igreja e a fonte de onde emana toda a sua força"[157] — cantará as maravilhas que Deus opera nos seres humanos com todas as suas relações, mais ainda, na sua história e em todo o universo. O **serviço** não será visto como a presença da Igreja no mundo através de alguns de seus membros ou de seus organismos, mas a face mais concreta da missão da Igreja no mundo. E estas três dimensões — palavra, liturgia, serviço — não são elementos estanques e incomunicáveis, mas intimamente entretecidos na unidade do mesmo desígnio salvífico. Por isso, não é adequado pensar a repartição das tarefas e ministérios, como se alguns devessem dedicar-se exclusivamente à "vida interna" da Igreja e outros se encarregassem da "presença no mundo", reproduzindo, numa forma nova, o velho esquema dos "dois gêneros de cristãos". A compreensão da Igreja como "sacramento de salvação" exige a superação entre um "ad intra" (em que a Igreja existiria e funcionaria em si e para si) e um "ad

---

157. SC 10a.

extra" (em que a Igreja ou parte dela agiria a serviço do mundo). Por isso, não há ministérios na e para a vida interna da Igreja e ministérios para o exterior da Igreja. Os ministérios são sempre ministérios na Igreja e para a Igreja, mas sempre Igreja sacramento de salvação e libertação do homem todo e de todos os homens na única história da salvação.

91. A esta altura, é também importante lembrar que **os ministérios não se limitam a determinadas áreas da missão da Igreja, como, por exemplo, o âmbito do culto, da palavra ou da coordenação eclesial**. Podem desenvolver-se — e, de fato, se desenvolvem — verdadeiros ministérios tanto na função profética, quanto na função sacerdotal, quanto na função real. Os ministros da sagrada comunhão, por exemplo, não são mais ministros que os catequistas ou que os agentes da pastoral da criança ou de outra pastoral social. Por que, por exemplo, as pastorais sociais podem ser consideradas verdadeiros ministérios? Porque as pastorais sociais, por exemplo, não são atuações de pessoas ou grupos de pessoas em nome próprio, mas atuações da Igreja em determinado campo da vida humana. Os seus agentes são verdadeiros ministros. Por isto se deverá falar de "ministério e não simplesmente de serviço cristão para todas as funções importantes exercidas em nome da Igreja, que respondam a uma necessidade permanente. **A diferença entre serviço cristão e ministério** (...) deve-se ao fato que o ministério implica sempre maior ou menor representatividade da Igreja e compromisso das autoridades eclesiais correspondentes em relação à pessoa que o exerce".[158] Por outro lado

---

158. H.-M. LEGRAND, *Ministerios en la Iglesia local*, em: AA. VV., Iniciación a la práctica de la teología, Madrid, 1985, vol. III, p. 218.

— e exatamente por isso — não é toda atuação cristã no social e no político que, "ipso facto", possa ser considerada ministério. Além de respeitar a autonomia das realidades terrestres e da atuação dos cristãos nestas realidades, é preciso lembrar aquela distinção que a "teologia do laicato" fazia entre agir "como" cristão e agir "enquanto cristão" ou, então, entre agir "cristão" e agir "eclesial". O ministério é um agir "eclesial", que representa e empenha publicamente e oficialmente a Igreja. Os **"serviços"** cristãos não devem chamar-se ministérios, porque "não se necessita designação ou reconhecimento algum para testemunhar a fé no mundo, para estar a serviço uns dos outros na Igreja, ou para um grande número de tarefas que contribuem para o anúncio do Evangelho e para a construção do Corpo de Cristo" [159]. Dizer que o exercício cristão de uma profissão civil ou de alguma atividade política não é ministério não é desmerecer nem diminuir seu valor — que é da ordem do testemunho — mas, simplesmente, respeitar a natureza das coisas e, neste campo, a legítima autonomia das realidades terrestres e do cristão nelas envolvido. O que é necessário, na verdade, nesta questão, é superar o mau uso das palavras, como o que só considera ministério a função que tenha esta designação ou, vice-versa, aquele que não quer reconhecer caráter ministerial a funções que têm todas as características exigidas de um ministério.

92. Por último, é importante lembrar que, assumindo ministérios "reconhecidos" ou "confiados" ou "instituídos", **os cristãos leigos permanecem leigos** e, por isso,

---

159. Idem, p. 218; cf. S. DIANICH, *Chiesa in missione*. Per una ecclesiologia dinamica, Alba, 1988, p. 247.

devem vivê-los e exercê-los na plena consciência de sua condição laical, que os coloca não só em relação característica com Cristo e com a Igreja, mas, de maneira toda particular, em relação com o mundo[160].

93. "Os leigos derivam o dever e o direito do apostolado de sua união com Cristo-Cabeça. Pois, inseridos pelo batismo no Corpo Místico de Cristo, pela Confirmação robustecidos na força do Espírito Santo, recebem do próprio Senhor a delegação ao apostolado" (AA 3). É importante que os leigos, vivendo sua vida familiar ou profissional normal, ou engajados em alguma forma de apostolado ou ministério, com ou sem mandato canônico, estejam plenamente convencidos de que o fundamento estatutário e sacramental de sua participação na missão da Igreja se encontra no Batismo, enquanto sacramento de pertença, e na Confirmação, enquanto sacramento da Missão na força do Espírito de Pentecostes. Na verdade, "com a efusão batismal e crismal o batizado torna-se participante na mesma missão de Jesus Cristo, o Messias Salvador" (CfL 13c). "É, pois, necessário... que os pastores, ao reconhecer e ao conferir aos fiéis leigos os vários ministérios, ofícios e funções, tenham o máximo cuidado em instruí-los sobre a raiz batismal destas tarefas" (CfL 23,h).

IDENTIDADE TEOLÓGICA DOS LEIGOS E LEIGAS

94. Por isso, em nossa reflexão sobre "Missão da Igreja e ministérios dos cristãos leigos e leigas", não pode-

---

160. Cf. Puebla, 811: "[os ministérios] não clericalizam aqueles que os recebem: estes continuam sendo leigos com uma missão fundamental de presença no mundo".

mos deixar de aprofundar — ainda que muito brevemente — o estatuto teológico dos cristãos leigos e leigas. Valemo-nos, nesta reflexão, mais uma vez, dos ensinamentos do Concílio Vaticano II, que, ao ser o "Concílio da Igreja", foi, pela primeira vez na história, também o "Concílio dos leigos e leigas". **O Concílio Vaticano II pensou a estrutura social da Igreja em termos de hierarquia (realizando a missão do povo cristão basicamente na Igreja) e laicato (realizando a missão do povo cristão basicamente no mundo).** É, com efeito, herdeiro da situação eclesial e da teologia que o precederam e prepararam. Tanto uma como outra se esforçaram por resgatar, na prática e na teoria, a dignidade e a missão dos leigos e leigas. De forma densa, *Lumen Gentium* — não faz uma definição — descreve o leigo no n. 31, ressaltando sua condição cristã e eclesial, sua diferença em relação à hierarquia e aos religiosos, e enfatizando sua "índole secular". Assim se expressa o Concílio: **"Pelo nome de leigos** aqui são compreendidos **todos os cristãos, exceto** os membros de ordem sacra e do estado religioso aprovado na Igreja. Estes fiéis **pelo batismo** foram **incorporados a Cristo**, constituídos no povo de Deus e, a seu modo, **feitos partícipes do múnus sacerdotal, profético e régio de Cristo**, pelo que exercem **sua parte na missão de todo o povo cristão na Igreja e no mundo. A índole secular é própria e peculiar aos leigos.** (...). Aos leigos compete, por sua vocação própria, buscar o Reino de Deus, exercendo funções temporais e ordenando-as segundo Deus. **Vivem no século**, isto é, em todos e em cada um dos ofícios e trabalhos do mundo. Vivem nas condições ordinárias da vida familiar e social, pelas quais sua existência é como que tecida. **Lá são chamados por**

Deus para que, exercendo seu próprio ofício, guiados pelo espírito evangélico, a modo de fermento, de dentro, contribuam para a santificação do mundo. E assim manifestam Cristo aos outros, especialmente pelo testemunho de sua vida resplandecente em fé, esperança e caridade. A eles, portanto, cabe de maneira especial iluminar e ordenar de tal modo as coisas temporais, às quais estão intimamente unidos, que elas continuamente se façam e cresçam segundo Cristo, para louvor do Criador e Redentor".

95. Convém deter-nos — ainda que brevemente — nos vários elementos que compõem esta "descrição tipológica"[161].

A NOVIDADE CRISTÃ

96. **Os leigos são, antes de tudo, "cristãos"**. A Nova Aliança, prometida por Javé — da qual deve nascer um povo novo, santo e universal pela efusão do Espírito — consumou-se no sangue de Jesus, o Cristo[162]. Aqueles que nele crêem, regenerados pela Palavra[163], pela água e pelo Espírito[164], são transformados em "cristãos". Graças ao Espírito, eles pertencem a Cristo, o Ungido por excelência[165], tornam-se filhos de Deus[166] e irmãos entre si, na Igreja. O leigo é, portanto, antes de tudo, o "homo

---

161. Cf. Acta Synodalia, III/III, p. 62.
162. Cf. 1Cor 11,25.
163. Cf. 1Pd 1,23.
164. Cf. Jo 3,5-6.
165. Cf. Rm 8,9; Jo 3,5; At 19,1-7.
166. Cf. Rm 8,14; 1Cor 3,16; 6,19.

christianus": "Reconhece, ó cristão, a tua dignidade!"[167]. Esta é a condição cristã comum a todos os batizados. Esta é a novidade cristã, que define sua identidade e os diferencia dialeticamente do mundo. A consciência da "novidade cristã" era tão forte que, mais do que ressaltar as diferenças internas, o Novo Testamento insiste em acentuar esta condição, comum a todos os renascidos. Internamente, eles se chamam de "discípulos"[168], "crentes" (ou "fiéis")[169], "irmãos"[170], "santos"[171] e "eleitos"[172]; os "de fora" os chamam de "cristãos"[173] ou "nazoreus"[174]. **O leigo é, portanto, antes de tudo, a cristã ou o cristão típico. Esta sua identidade, porém, é a condição cristã "comum" a todos os batizados.**

QUE DISTINGUE OS LEIGOS DOS DEMAIS?

97. O que distingue os leigos dos demais fiéis é, em primeiro lugar, a chamada "definição negativa", pela qual o termo leigo, pelo menos desde Tertuliano, adquiriu o sentido técnico de cristão **"não pertencente ao clero"**. É por isso que, após estabelecer sua identidade cristã ("todos os cristãos"), o Concílio acrescenta: "exceto os membros de ordem sacra e do estado religioso aprovado na Igreja".

---

167. S. Leão Magno, Sermo XXI,3: *S. Ch.* 22 bis, 72.
168. Cf. At 6,1; 9,1.26; 16,1; 18,23.
169. Cf. At 2,44; 4,32; 18,27; 19,18; 21,20; 1Ts 1,7; 2,10 etc.
170. Cf. At 11,1; 12,17; 14,2; 21,17.
171. Cf. Ef 1,1; Cl 1,1.
172. Cf. Rm 8,33; Cl 3,12; 2Tm 2,10; 1Pd 1,2.
173. Cf. At 11,26.
174. Cf. At 24,5.

SUAS MÚLTIPLAS RELAÇÕES

98. O Concílio, porém, está interessado em **descrever positivamente** o leigo. Por isso, na seqüência, vai afirmar — partindo da ênfase sobre o batismo — a sua "**incorporação a Cristo**", a sua "**constituição no Povo de Deus**", a sua **participação na tríplice função de Cristo** e, conseqüentemente, **sua participação na missão comum a todo o povo cristão**, tanto na Igreja como no mundo. Estes elementos, porém, são comuns a todos os membros da Igreja; por isso, ao afirmá-los, o Concílio acrescenta — sem ainda explicitá-los — dois elementos de caráter distintivo: "**a seu modo**", quanto à participação na tríplice função, e "**pela sua parte**", quanto ao exercício da missão comum[175]. Não deve passar despercebida a afirmação de que o leigo exerce, pela sua parte, a missão do povo cristão "**na Igreja e no mundo**". O Concílio supera, desta maneira, a repartição "a Igreja aos clérigos" e o "mundo aos leigos"[176].

---

175. A *Lumen gentium,* nn. 34 a 36, aprofunda a participação própria dos leigos na tríplice função e a *Christifideles laici* também retoma este tema no n. 14.

176. Por exemplo, conforme o Decreto de Graciano, por volta de 1140: "Dois são os gêneros dos cristãos... Um que, ligado ao serviço divino e dedicado à contemplação e à oração, se abstém de todo barulho de realidades temporais, é constituído pelos clérigos e pelos consagrados a Deus, como os religiosos... O outro é o gênero de cristãos ao qual pertencem os leigos... A eles é concedido possuir bens materiais, mas só para as suas necessidades. Nada, com efeito, é mais miserável do que desprezar Deus pelo dinheiro. A eles é concedido esposar-se, cultivar a terra, atuar como árbitros em juízo, defender as próprias causas, depositar ofertas sobre os altares, pagar o dízimo: assim poderão salvar-se, se evitarem todavia os vícios, fazendo o bem".

A "ÍNDOLE SECULAR"

99. Tendo deixado claro que os leigos são cristãos e, portanto, que participam a pleno título da missão da Igreja, era necessário esclarecer a característica própria deles. O 2º parágrafo de *Lumen Gentium* 31 procura descrever **a peculiaridade dos leigos**, usando um termo que, na reflexão e na prática sucessivas, terá franca aceitação, embora sujeito a equívocos: a **"índole secular"**. Os leigos são chamados a evidenciar a missão da Igreja **"no mundo"**. Mas, mesmo aqui, o Concílio deve fazer algumas precisões. E as faz a partir das 'relações' dos leigos com os clérigos e com os religiosos, de um lado, e com a própria realidade do mundo, de outro. A primeira: convém que os "clérigos" se dediquem com maior evidência ao ministério. A segunda: os "religiosos", por vocação e opção, acentuam a "transfiguração-oblação" do mundo pelo espírito das bem-aventuranças. A terceira: os leigos têm a "vocação" de "procurar o Reino de Deus exercendo funções temporais e ordenando-as segundo Deus" e, assim, possam "contribuir, a modo de fermento, por dentro, para a santificação do mundo".

"MUNDO" É SUA VOCAÇÃO PRIMEIRA

100. Convém colher — na concisão do texto conciliar — a densidade de elementos aí implicados. **Em relação aos clérigos e ao religiosos, o leigo é o cristão que vive no mundo**. A descrição pode parecer equívoca, pois também o ministro ordenado e o religioso vivem no mundo. O que é, porém, diferente é o 'modo' de o leigo estar

presente no mundo: "Lá são chamados por Deus para que, exercendo seu próprio ofício guiados pelo espírito evangélico, **a modo de fermento**, contribuam para a santificação do mundo. E assim manifestam Cristo aos outros, especialmente pelo testemunho de sua vida resplandecente em fé, esperança e caridade. A eles, portanto, cabe de maneira especial ordenar de tal modo as coisas temporais, às quais estão intimamente unidos, que elas continuamente se façam e cresçam segundo Cristo, para louvor do Criador e Redentor"[177]. **A condição de vida do leigo é lida teologicamente como vocação.** A sua existência — pautada pelo Evangelho, na vivência da fé, da esperança e da caridade — é, por si mesma, antes mesmo de qualquer ação, possuidora de valor evangélico. É vivendo a sua própria vida "segundo Deus" que o leigo procura o Reino. Esta é a sua vocação primeira e os compromissos que ela comporta são vontade de Deus. Nesta linha, o ensinamento da *Gaudium et spes* é enfático: "O Concílio exorta os cristãos (...) a procurarem desempenhar fielmente suas tarefas terrestres, guiados pelo espírito do Evangelho. Afastam-se da verdade os que, sabendo não termos aqui cidade permanente, mas buscamos a futura, julgam, por conseguinte, poderem negligenciar os seus deveres terrestres, sem perceberem que estão mais obrigados a cumpri-los, por causa da própria fé, de acordo com a vocação à qual cada um foi chamado. Não erram menos aqueles que, ao contrário, pensam que podem entregar-se de tal maneira às atividades terrestres, como se elas fossem absolutamente alheias à vida religiosa, julgando que esta consiste somente nos atos de culto e no cumprimento de alguns deveres morais. Este **divórcio**

---

177. LG 31b; cf. *Christifideles laici,* 15.

entre a fé professada e a vida cotidiana de muitos deve ser enumerado entre os erros mais graves do nosso tempo (...) Portanto, não se crie oposição artificial entre as atividades profissionais e sociais de uma parte e, de outra, a vida religiosa. Ao negligenciar os seus deveres temporais, o cristão negligencia os seus deveres para com o próximo e o próprio Deus e coloca em perigo a sua salvação eterna"[178].

SEM EXCLUSIVIDADE

101. A diversidade de condição vital do leigo — e, conseqüentemente, de vocação e função — não significa exclusividade. Por isso, *Lumen gentium* 31b[179] tem o cuidado de dizer que "a índole secular é **própria e peculiar aos leigos**", não, portanto, exclusiva. Também mais adiante, quando diz que cabe aos leigos "tratar as coisas temporais e ordená-las segundo Deus", não diz que isto "é porém específico dos leigos, por sua própria vocação" (como uma tradução incorreta faz crer), mas que **"por própria vocação, é próprio dos leigos..."** ou **"por sua vocação, é próprio dos leigos..."**. Nesta mesma linha, *Gaudium et spes* confirma: "As profissões e atividades seculares competem propriamente aos leigos, ainda que não de modo exclusivo"[180].

---

178. GS 43.

179. Dá como exemplos: ministros ordenados exercendo profissões civis, diáconos permanentes podendo viver nas ordinárias condições da vida, o fato de os presbíteros poderem casar-se nas Igrejas Orientais etc. (Cf. LG 31b).

180. GS 43b.

NA IGREJA E NO MUNDO

102. Superado todo separatismo, descortinam-se, assim, diante dos leigos não só **várias daquelas atividades que, durante muito tempo, foram atribuídas aos ministros ordenados — exceção feita àquelas funções e ações que dependem necessariamente do sacramento da ordem — mas, sobretudo, o vasto campo das realidades terrestres.** Em relação às primeiras, além de várias afirmações disseminadas por diversos documentos, o Concílio é explícito: "Além deste apostolado que atinge todos os cristãos sem exceção, os leigos podem, de diversos modos, ser chamados a uma **cooperação** mais imediata com o apostolado da hierarquia, à semelhança daqueles homens e mulheres que ajudavam o apóstolo Paulo no Evangelho, trabalhando muito no Senhor"[181]. Além disso gozam da **aptidão de serem designados pela hierarquia para alguns ofícios eclesiásticos a serem exercidos para um fim espiritual**"[182]. Aqui o Concílio fala de 'cooperação'.

103. No vasto campo das realidades terrestres, os leigos agem com responsabilidade própria, iluminados pela fé e respeitando a própria estrutura das coisas, sem esperar que os pastores da Igreja tenham — ou devam ter — uma doutrina ou uma solução concreta para todas as situações: "Não julguem (os leigos) serem os seus pastores sempre e tão competentes que possam ter uma solução concreta e imediata para toda questão que surja, mesmo grave, ou que seja esta a missão deles. Os leigos, ao contrário, esclarecidos pela sabedoria cristã e prestando

---

181. Cf. Fl 4,3; Rm 16,3ss.
182. LG 33c; cf. LG 18; AA 10 e 12; AG 15.

atenção cuidadosa à doutrina do Magistério, assumam suas responsabilidades"[183]. Aqui o Concílio fala de **'autonomia'**, ainda que esta seja relativa, pois todos — pastores e leigos — estamos debaixo da Palavra de Deus e daquela lei que o Criador gravou nos próprios seres e em nossos corações[184].

2.3. HIERARQUIA E LAICATO

104. Embora o Concílio Vaticano tenha lançado as bases para uma compreensão da estrutura social da Igreja como comunhão, **essa estrutura continua ainda sendo pensada dentro do binômio clássico "hierarquia e laicato"**. É sabido, porém, que esse binômio — que condiciona fortemente o nosso modo de entender e de viver a realidade eclesial e a missão — não é suficiente. De um lado, distingue muito; de outro lado, distingue muito pouco! Expliquemo-nos. **O binômio distingue muito a hierarquia e o laicato** porque não realça suficientemente a unidade batismal, crismal e eucarística que liga no mesmo e único Espírito os leigos e os ministros ordenados. Deixa na sombra a condição cristã e a missão, que são

---

183. GS 43.

184. "Se por 'autonomia das realidades terrestres' entendemos que as coisas criadas e as mesmas sociedades gozam de leis e valores próprios, a serem conhecidos, usados e ordenados gradativamente pelo homem, é necessário absolutamente exigi-la. Isto não é só reivindicado pelos homens de nosso tempo, mas está também de acordo com a vontade do Criador. Pela própria condição da criação, todas as coisas são dotadas de fundamento próprio, verdade, bondade, leis e ordem específicas. O homem deve respeitar tudo isto, reconhecendo os métodos próprios de cada ciência e arte" (GS 36b).

comuns aos leigos e à hierarquia, e que os distinguem em relação ao mundo[185]. Ao distinguir tão claramente hierarquia e laicato, dá-se a impressão que hierarquia e laicato não pertençam à mesma comunhão eclesial, que é toda ela "sacramento de salvação" no mundo e para o mundo. **De outro lado, o binômio distingue muito pouco**, porque, no interior da comunhão eclesial, destaca apenas estas duas realidades — a hierarquia e o laicato — **deixando na sombra a imensa variedade de carismas, serviços e ministérios** que o único Espírito suscita para a vida e a missão da Igreja.[186]

OU COMUNIDADE — CARISMAS E MINISTÉRIOS?

105. Por isso, desenvolvendo perspectivas já presentes no Concílio, mas ainda não explicitadas, vários teólogos — a começar por Congar — têm proposto pensar a estrutura social da Igreja em termos de **"comunidade — carismas e ministérios"**. O primeiro termo, "comunidade" (ou o teologicamente mais denso "comunhão"), inclui tudo o que há de comum a todos os membros da Igreja; e a

---

185. A este respeito, LG 32 cita um belo texto de Santo Agostinho: "Atemoriza-me o que sou para vós; consola-me o que sou **convosco**. Pois para vós sou bispo, **convosco** sou cristão. Aquilo é um dever, isto uma **graça**. O primeiro é um perigo, o segundo **salvação**".

186. Basta pensar na extraordinária riqueza da vida consagrada e em sua contribuição para a Igreja. "Fazendo eco ao Concílio, que, significativamente, na *Lumen Gentium*, antepôs o capítulo sobre o Povo de Deus aos capítulos sobre a hierarquia e o laicato, e o capítulo sobre a vocação universal à santidade ao capítulo sobre os religiosos, o Código de Direito Canônico distingue, na Igreja, hierarquia, laicato e vida consagrada" (cf. cân. 207).

dupla "carismas e ministérios" inclui tudo o que positivamente os distingue. É esta, aliás, **a perspectiva do Novo Testamento**, onde nunca aparece o termo "leigo" ou "leiga", mas sublinham-se os elementos comuns a todos os cristãos e, ao mesmo tempo, valorizam-se as diferenças carismáticas, ministeriais e de serviço. Neste sentido, os termos que designam os membros do Povo de Deus acentuam a condição comum a todos os renascidos pela água e pelo Espírito: "santos", "eleitos", "discípulos", "irmãos"[187].

106. O binômio "comunidade — carismas e ministérios" deve, porém, ser completado pela perspectiva da **missão** que a Igreja é chamada a desempenhar **no mundo**. A partir de uma eclesiologia de totalidade, a Igreja toda — portanto, pastores e leigos, consagrados e não consagrados — está no mundo e é sacramento de salvação no mundo. Cada um, porém, realiza a missão do povo cristão na Igreja e no mundo a partir do(s) carisma(s) recebido(s) e, eventualmente, do(s) serviço(s) ou ministério(s) que exerce. Como entender — na ótica de uma eclesiologia de totalidade — a "índole secular", que é "própria e peculiar", embora não exclusiva, dos leigos e leigas?

107. A **"índole secular"** (ou **secularidade** ou **laicidade**, como alguns preferem) pode ser considerada em quatro sentidos. Há, em primeiro lugar, uma **"laicidade" do próprio mundo**. É a sua consistência própria, a sua autonomia em relação à Igreja, a sua busca de formas de organizar a convivência humana — com critérios e por caminhos que a sociedade civil vai elaborando e compondo em consensos mais ou menos parciais: "as coisas criadas e as mesmas sociedades gozam de leis e valores pró-

---

187. Cf. J. RATZINGER, *Fraternità cristiana*, Roma, 1962.

prios, a serem conhecidos, usados e ordenados gradativamente pelo homem"[188]. Há, em segundo lugar, uma **"laicidade" da própria Igreja**. Afinal, a Igreja toda — e não só os leigos e leigas — está no mundo e participa de suas atividades em todos os campos, embora sejam bastante diversificadas as relações dos membros da Igreja com as atividades familiares, econômicas, sociais, políticas, culturais e religiosas que tecem a sociedade humana. Evidentemente, há uma **"índole secular" própria e peculiar dos leigos e leigas**, como *Lumen Gentium* 31 descreve com propriedade. É neste sentido que, com muito realismo, o Concílio liga a vocação dos cristãos **"especialmente"** com o mundo: "Os leigos, porém, são especialmente chamados para tornarem a Igreja presente e operosa naqueles lugares e circunstâncias onde, apenas através deles, ela pode chegar como sal da terra. Assim, todo leigo, em virtude dos próprios dons que lhe foram conferidos, é, ao mesmo tempo, testemunha e instrumento vivo da própria missão da Igreja"[189]. A Exortação *Evangelii Nuntiandi* é mais pormenorizada ao apresentar a missão do leigo no mundo: **"O campo próprio de sua atividade evangelizadora é o mesmo mundo vasto e complicado** da política, da realidade social e da economia, como também o da cultura, das ciências e das artes, da vida internacional, dos "mass media" e, ainda, outras realidades abertas para a evangelização, como sejam o amor, a família, a educação das crianças e dos adolescentes, o trabalho profissional e o sofrimento"[190]. E deve haver — se quisermos ser coerentes com a mensagem

---

188. GS 36b.
189. LG 33b.
190. EN 70.

cristã e dignos de crédito na sociedade moderna e pluralista — uma **"laicidade na Igreja"**, que consiste em viver na Igreja aqueles valores (chamados de "laicos" no Ocidente, mas que na verdade têm origens cristãs) que são a referência ideal da convivência na sociedade civil (liberdade, fraternidade, solidariedade, igualdade) e que são pregados pela Igreja, mas nem sempre têm plena cidadania na vida e nas relações intraeclesiais.

108. Os dois enfoques acima descritos — o binômio hierarquia-laicato e o binômio comunidade-carismas e ministérios — **fazem-nos perceber a realidade eclesial a partir de ângulos diferentes**, que podem complementar-se, cuidando-se de evitar compreensões parciais de ambas.

109. No uso do termo "leigo", **não se deve esquecer que leigo e leiga são, antes de tudo, cristãos e membros da Igreja, a pleno título**, mesmo não fazendo parte da hierarquia. Será que, sobretudo em nossas relações com a sociedade civil, não poderíamos evitar o termo "leigo" — que, no decorrer da história, infelizmente adquiriu um sentido negativo — e ter a coragem de usar o termo "cristão" ou "católico", sem o excesso de zelo de afirmar sempre e em todo lugar a diferença em relação à hierarquia?

110. Assumindo o binômio "comunidade — carismas e ministérios", não se poderia esquecer a laicidade do mundo, a laicidade da e na Igreja e a índole secular própria e peculiar dos leigos e leigas, nos sentidos explicados acima. É claro, neste nível, que a grande maioria do laicato e a grande maioria do clero — sociologicamente falando — se enquadram na descrição de *Lumen Gentium* 31.

III — COMUNIDADE EM MISSÃO
Diretrizes para a evangelização

111. **A participação diversificada na única missão do Povo de Deus** — que tem como fim a expansão do Reino, servindo neste tempo de peregrinação à construção da sociedade justa e fraterna e à edificação da Igreja — **une a todos os cristãos**. Na perspectiva da solidariedade e da complementaridade, eles se reforçam mutuamente e descobrem sua missão e seus carismas, que põem a serviço da comunidade e do mundo como frutos da multiforme graça de Deus recebida no Batismo, enriquecida e fortalecida na Crisma e alimentada na Eucaristia, em vista da missão testemunhal.

112. Nesta terceira parte, apontaremos **algumas diretrizes práticas**, que deverão ser aplicadas às situações específicas com criatividade e enriquecidas em cada Igreja Particular, paróquia, comunidade, movimento ou pastoral.

113. Partimos da concepção de que toda a Igreja é missionária e ministerial e que **a base sobre a qual se fundamentam todos os ministérios é a comunidade evangelizadora**. Sob o impulso do Espírito Santo, protagonista da missão, a comunidade, enriquecida pela variedade de carismas que o mesmo Espírito confere a todos os cristãos, forma seus ministros e lhes confia a missão. Esta missão tem a finalidade de, em nome do Espírito, anunciar a Boa Nova de Jesus através do serviço e participação na trans-

formação da sociedade pelo bem dos pobres, do diálogo com as culturas e outras religiões, do anúncio do Evangelho e da vivência e testemunho da comunhão eclesial.

1. POR UMA COMUNIDADE PROFÉTICA, MISSIONÁRIA, ACOLHEDORA, PARTICIPATIVA E MISERICORDIOSA

114. "Aprouve, no entanto, a Deus santificar e salvar os homens, não individualmente, excluindo toda a relação entre os mesmos, mas formando com eles um povo, que o conhecesse na verdade e o servisse em santidade"[191]. "Os missionários suscitem comunidades de fiéis que exerçam as funções sacerdotal, profética e régia... Dessa forma, a comunidade cristã se torna sinal da presença de Deus no mundo"[192]. "O múnus de Pastor não se limita ao cuidado singular dos fiéis, mas estende-se propriamente à formação da genuína comunidade cristã"[193]. Essas declarações do Concílio lembram o que o Novo Testamento afirma com insistência. O apostolado individual é importante para a evangelização, mas ele deve estar integrado na **comunidade cristã**, que, por sua vez, é **missionária e ativa** no serviço do Reino de Deus.

115. Para que possam ser aquele sinal de unidade e paz que o mundo procura, **as comunidades precisam cultivar as atitudes da acolhida, da misericórdia, da profecia e da solidariedade**. Numa sociedade em que cresce o núme-

---
191. Cf. LG, n. 9.
192. Cf. AG, n. 15.
193. Cf. PO, n. 6.

ro dos excluídos e descartáveis; onde a concorrência desenfreada e anti-ética dificulta a fraternidade e a paz; onde a injustiça e a corrupção chegam a impor-se como normais, as comunidades deverão destacar-se como referencial de vida e esperança, sobretudo para os mais pobres.

116. As comunidades devem ser **realmente fraternas**, de tal forma que a igual dignidade de todos os fiéis seja evidenciada e seja estimulada a participação ativa de todos. As celebrações litúrgicas, respeitada a diversidade de funções, coloquem em relevo a comunhão fraterna entre todos, de tal forma que aquele que se aproximar da comunidade cristã possa reconhecer nela um sinal da presença de Deus[194].

117. As paróquias, capelas, CEBs, pastorais, grupos cultivem particular solicitude para receber e introduzir na vida comunitária as pessoas que chegam de outros lugares ou que se reaproximam da vida eclesial. Sejam **realmente acolhedoras, mais semelhantes a uma família** do que a um aparato burocrático. Afastem formas de autoritarismo e mecanismos de exclusão.[195] É importante recordar que a acolhida se deve fazer presente em todos os momentos da vida comunitária. Portanto, ela exige de cada um de nós uma atitude permanente de abertura ao outro e de conversão.

---

194. Cf. 1Cor 14,24-25.

195. São freqüentes as queixas de que agentes de pastoral, padres e leigos, bem intencionados, exercem controle demasiadamente rigoroso sobre a participação de novos membros, desencorajando-os ou afastando-os. É preciso superar estas atitudes e ter mais respeito e paciência para com os novatos na comunidade, tendo o mesmo cuidado de Jesus de "não apagar a mecha que fumega e não quebrar o caniço rachado" (Cf. Mt 12,20).

118. Mais cuidado ainda exige o **acolhimento daqueles que são "diferentes"** e procedem de outra comunidade cristã, de outra religião ou de uma situação de vida e de cultura estranhas às comunidades eclesiais. Nesses casos, lembre-se a atitude das primeiras comunidades cristãs, que não discriminavam raça ou povo, gênero ou classe[196].

119. As comunidades **acolham, com amor fraterno, os cristãos que não são membros da Igreja Católica**. "Justificados pela fé no batismo, eles são incorporados a Cristo e, por isso, com razão, honrados com o nome Cristãos e merecidamente reconhecidos pelos filhos da Igreja Católica como irmãos no Senhor"[197]. Herdeiros das divisões do passado e igualmente responsáveis pela atual fragmentação do Povo de Deus, todos os discípulos de Cristo devem superar pela caridade os obstáculos que os separam, "exprimindo ao mesmo tempo o sinal da comunhão e da unidade da Igreja em Cristo"[198]. Cientes de que a solicitude de instaurar a união se impõe a toda a Igreja, tanto aos fiéis como aos pastores"[199], os fiéis católicos solicitamente participem pela oração, pela palavra e pela ação, do movimento ecumênico.

120. **Merecem particular atenção aquelas pessoas que estavam afastadas da Igreja ou até vivem em situação canônica irregular**, mas manifestam o desejo de reaproximação. É preciso seguir o exemplo de Jesus: acolhimento, compreensão e respeito.

---

196. Cf. Gl 3,28: "Não há mais judeu nem grego; não há mais escravo nem livre; não há mais homem nem mulher, porque todos vós sois um em Cristo Jesus".

197. UR 3.

198. AA 18.

199. UR 5.

121. Muitas vezes, nossas comunidades mal merecem esse nome, porque são demasiadamente grandes, massificadas, impessoais. Devemos continuar o nosso esforço de **estimular a formação de comunidades menores ou de grupos**, que facilitem um relacionamento direto e pessoal. No ambiente urbano, será mais difícil estabelecer comunidades e grupos com a mesma estabilidade e de maneira homogênea como na sociedade tradicional. Porém, grupos ou comunidades ambientais (trabalhadores de uma empresa, profissionais da saúde, professores...) podem constituir válida experiência eclesial e contribuir para a transformação das estruturas sociais. Em todo caso, é importante multiplicar diversas formas de relacionamento, aproveitando as múltiplas possibilidades da comunicação de hoje. **Pessoas, grupos e comunidades podem permanecer em comunicação entre si**, como numa "rede" de troca de informações e experiências, que se lhes permita alimentar da riqueza da vida cristã de outros grupos ou movimentos, da paróquia, da diocese, da Igreja que atua em nível regional, nacional e mundial.

122. É preciso dar continuidade e novo vigor à nossa orientação de 1981, que pedia: "**fazer com que todos os fiéis**, diretamente ou através de representantes eleitos, participem, quanto possível, não só da execução, mas também **do planejamento e das decisões** relativas à vida eclesial e à ação pastoral; para isso podem promover-se periodicamente assembléias e sínodos do povo de Deus, **devendo-se manter, em todos os níveis, conselhos pastorais**, como recomenda o Concílio[200] e *Puebla*[201] o rea-

---

200. CD 27; AA 26.
201. DP 645.

firma"[202]. Haja o cuidado, nos Conselhos, de não buscar simplesmente a vontade da maioria, mas, quando possível, o consenso de todos ou soluções que conciliem direitos e interesses da maioria e dos grupos minoritários. Diante do consenso do Conselho, o Pároco assuma sem hesitar a decisão, a não ser que motivos de consciência lhe imponham um momento de reflexão ou consulta ao Bispo diocesano, para voltar novamente a dialogar com o Conselho.

123. Para que a participação possa ser efetiva, tenham os fiéis **oportunidades reais tanto de informação sobre a vida eclesial quanto de formação cristã**, sem o que dificilmente poderão participar consciente e responsavelmente da missão. Com o Projeto "Rumo ao Novo Milênio", a Conferência Episcopal está incentivando um **esforço amplo e constante de formação** de jovens e adultos, que necessitará de maior apoio e continuidade. Esse esforço abre ao povo cristão as riquezas da Palavra de Deus e contribui para formar um espírito crítico diante da cultura de massa, pobre de valores éticos, individualista e consumista.

124. Num País profundamente marcado por formas graves de injustiça e de marginalização social, nossas comunidades precisam aprofundar **o conhecimento e a prática da doutrina social da Igreja** e, a exemplo de Jesus e dos profetas, denunciar com firmeza tudo aquilo que se opõe ao Evangelho e contraria os princípios éticos de uma sadia convivência humana. Atentas aos sinais dos

---

202. Cf. CNBB, *Vida e ministério do presbítero — Pastoral vocacional*. Documento 20, São Paulo, Paulinas, 1981, 152. Cf. também PRNM, 88-89.

tempos, as comunidades tenham os olhos voltados para o futuro, confiantes que o Senhor nos precede na história e na missão, sustentando-nos na caminhada. As comunidades cristãs, em parceria com outros construtores da sociedade pluralista, esforcem-se para ser portadoras da memória e profecia do Espírito.

125. O pluralismo cultural e religioso da sociedade moderna se manifesta, antes de tudo, nas **grandes cidades**[203]. O recente Sínodo para a América reconhece a presença de "dificuldades tão grandes que as estruturas pastorais normais se tornam inadequadas". Incentiva, por isso, a continuar "na procura dos meios com os quais a paróquia e as suas estruturas pastorais se tornem mais eficazes nas zonas urbanas" e sugere, como meio de renovação paroquial, a perspectiva da "paróquia comunidade de comunidades e de movimentos". Julga "oportuna a formação de comunidades e grupos eclesiais de tal dimensão que permitam estabelecer verdadeiras relações humanas"[204]. Nessa perspectiva, já existem **experiências de comunidades e grupos** que se especializaram no acolhimento de um público determinado — desde a pastoral dos condomínios ou dos arranha-céus até os grupos de rua — ou prestam serviços específicos como centro de formação teológica e pastoral, cursos de formação política, experiências de catecumenato para jovens e adultos, centros de espiri-

---

203. Cf. acima nn. 23 e 35; cf. também DGAE, 157-161.

204. Cf. EA, 41. Confira também EA, 21c: "Evangelizar a cultura urbana constitui um formidável desafio para a Igreja, que, assim como durante séculos soube evangelizar a cultura rural, da mesma forma é também chamada hoje a levar a cabo uma evangelização urbana metódica e capilar por meio da catequese, liturgia e mesmo do modo de organizar as próprias estruturas pastorais".

tualidade. Por outro lado, parte da população urbana não se liga mais à paróquia em que reside, mas **escolhe** a comunidade eclesial que quer frequentar ou se integra em movimentos eclesiais onde se sente bem acolhida. Muitos fatores da vida urbana ultrapassam a paróquia e se situam no nível da cidade inteira ou de regiões metropolitanas, abrangendo vários municípios. Tudo isso exige no plano pastoral ações de nível regional ou diocesano, como, por exemplo, no uso dos Meios de comunicação social, na pastoral da saúde, da pastoral universitária ou na presença cultural. O **desafio da pastoral urbana** não é constituído, porém, apenas pela organização de novas formas de comunidade eclesial ou de serviços pastorais. Ainda mais forte é o desafio das **modalidades da experiência religiosa, da espiritualidade e da linguagem que as novas gerações urbanas esperam** de uma comunidade cristã criativa, fiel ao Evangelho e, ao mesmo tempo, atenta às mudanças da cultura e das formas de vida.

2. SERVIÇO E PARTICIPAÇÃO NA TRANSFORMAÇÃO DA SOCIEDADE PELO BEM DOS POBRES

126. Aos cristãos leigos compete uma **atuação insubstituível na construção da sociedade justa e fraterna**, a partir de sua condição e ambiente próprios. Nessa atuação são prioritárias: a luta contra a miséria e tudo o que degrada a vida humana; a defesa intransigente da ética pública. O Concílio exorta os leigos a que se empenhem generosamente no desempenho do seu papel: "O apostolado no meio social, a saber, o esforço de dar, pelo espíri-

to cristão, nova forma à mentalidade e aos costumes, às leis e às estruturas da comunidade em que vivem, a tal ponto é dever dos leigos, que por outros nunca poderiam ser devidamente realizados" [205].

127. Após o Concílio, a reflexão desenvolvida pelos Sínodos e Episcopados destacou a **conexão entre evangelização e animação cristã das realidades terrestres**, ou, em outras palavras, entre **evangelização e libertação, promoção humana, desenvolvimento**[206]. Apareceu mais claro que a "animação cristã das realidades terrestres" exigia profunda transformação da sociedade e implicava uma luta difícil contra estruturas injustas, contra um verdadeiro "pecado social"[207]. O Papa João Paulo II, na Exortação após o Sínodo de 1987, descrevendo a missão dos leigos, articula estreitamente o anúncio do Evangelho[208] e o serviço da pessoa e da sociedade[209].

128. A Exortação *Christifideles Laici* propõe aos leigos e leigas uma visão muito ampla de como eles podem participar da nova evangelização, ao **"viver o Evangelho servindo a pessoa e a sociedade"** e praticando "a caridade, alma e sustentáculo da solidariedade". O serviço da pessoa e da sociedade inclui principalmente: promover a dignidade da pessoa; venerar o inviolável direito à vida; invocar o nome do Senhor com liberdade; promover a família como primeiro espaço para o empenho social[210].

---

205. Cf. AA 13.
206. Cf. EN 31.
207. Cf. Puebla 28; 487 e EA, 56.
208. Cf. CfL 33-35.
209. Cf. CfL 36-44.
210. Cf. CfL 36-40.

A prática da caridade e da solidariedade exige de todos a participação política e o reconhecimento de que a vida econômico-social deve estar a serviço da pessoa humana. Exige ainda a evangelização da cultura e das culturas[211]. Esse programa abre à missão dos leigos um **horizonte amplíssimo**. Dentro desse horizonte, que desejamos manter presente e vivo diante de nossos olhos, situamos algumas orientações que querem responder aos questionamentos na atual conjuntura.

129. Na ação solidária para a promoção humana, a justiça e a paz e a conservação da criação, "**a cooperação de todos os cristãos** exprime, de modo vivo, os laços que já os unem entre si e faz resplandecer mais plenamente a face de Cristo Servo"[212]. "Tal cooperação baseada na fé comum — comenta o Papa João Paulo II — não só aparece densa de comunhão fraterna, mas é uma epifania do próprio Cristo"[213]. Deve ser estimulado todo o esforço realizado neste sentido, em todas as situações em que nos encontramos junto com nossos irmãos cristãos que não são membros da Igreja Católica e também com seguidores de outras religiões. "O desejo dos cristãos de realizarem juntos tudo o que a sua fé lhes permite é limitado neste momento pelas divergências que ainda existem. A cooperação pode ajudá-los a ultrapassar tudo o que é obstáculo à plena comunhão"[214].

130. Vemos com alegria e esperança **a atuação de inúmeros leigos** que, com consciência crítica, testemunham

---

211. Cf. CfL 41-44.
212. UR 12.
213. UUS 40.
214. *Diretório Ecumênico*, 162.

o Evangelho no ambiente familiar, no trabalho, na política e na participação firme e eficaz nos mais diversos setores da sociedade civil. Persistem, porém, parcelas significativas do Povo de Deus marcadas, ainda, pela dicotomia entre fé e vida e que se deixam facilmente influenciar pelo ambiente e cultura dominantes.

131. **A experiência no mundo da política** tem-se revelado difícil aos leigos cristãos. Devido ao preconceito, muito comum, que considera a política como algo sujo, as comunidades cristãs nem sempre confiam naqueles que, mesmo saindo de seu meio, assumem esta tarefa na sociedade civil. Muitos se queixam de que ao assumirem uma opção político-partidária, se sentem abandonados pela comunidade cristã de origem. No entanto, **há os que assumem esta tarefa conscientes de que são portadores de uma radicalidade evangélica** que não pode ser instrumentalizada, submetida, anulada. Cabe às comunidades cultivarem atitudes concretas de apoio, acompanhamento e formação permanente aos que despertam para essa vocação. Convém destacar aqui algumas iniciativas já bem sucedidas, tais como Comissão de Justiça e Paz, Centros de Defesa de Direitos Humanos, Escolas de Fé e Política, Comissões de acompanhamento das sessões das Câmaras Municipais, participação em Conselhos paritários, e outras.

132. **A transformação da sociedade não será possível sem as transformações das estruturas de poder** hoje existentes. Por isso, além da **saudável e necessária participação de cristãos na política partidária**, é necessário incrementar os grupos de reflexão e de acompanhamento das atividades políticas, exercendo cada vez mais a aproximação entre o compromisso de fé e o exercício da justi-

ça por meio dos organismos de representação popular. Os **grupos de Fé e Política** devem ser incentivados e preparados para, entre outras atividades, acompanhar criticamente os trabalhos do legislativo local, fiscalizar a execução do orçamento público, elaborar projetos de lei de iniciativa popular, sensibilizar a opinião pública, divulgar relatórios sobre as atividades de vereadores e deputados, bem como dos responsáveis pelo Executivo[215].

133. A exigência da solidariedade e do serviço aos mais pobres tem levado a renovar as **práticas de caridade e assistência social**. Novas situações de pobreza e de sofrimento solicitam novas atitudes por parte dos cristãos, empenhados numa ação social, que procura ir além da mera assistência, para criar iniciativas de economia solidária, de auto-ajuda, de promoção e transformação social. Formas novas de atuação têm suscitado extraordinário número de agentes voluntários como, por exemplo, pastoral da criança, pastoral do menor, pastoral da saúde, pastoral carcerária, recuperação de dependentes químicos e marginalizados. Freqüentemente também são promovidas campanhas de solidariedade, que mobilizam jovens e adultos. Além disso, continua a generosa dedicação das muitas pessoas, homens e mulheres, que cuidam das obras so-

---

215. É esta uma preocupação manifestada pelo recente Sínodo para a América (1997) e retomada pelo Papa João Paulo II em sua Exortação pós-sinodal: "A América necessita de cristãos leigos capazes de assumir cargos de dirigentes na sociedade. É urgente formar homens e mulheres capazes de influir, segundo a própria vocação, na vida pública, orientado-a para o bem comum. No exercício da política, considerada em seu sentido mais nobre e autêntico de administração do bem comum, esses homens e mulheres podem encontrar o caminho da própria santificação" (EA, 44).

ciais. Toda comunidade se empenhe para que não haja nela nenhum necessitado[216].

134. O agravamento da miséria em nossa sociedade gera a necessidade de **maior agilização das iniciativas comunitárias com o objetivo de levar solidariedade e esperança** aos irmãos menos favorecidos. Deve-se buscar maior coesão e organização entre os muitos esforços que se fazem partindo das comunidades cristãs, para melhor fruto. Deve ser procurado intercâmbio entre as comunidades, comunicando experiências que estão dando bons resultados e que possam ser implantadas em outros locais. Promova-se a divulgação de tais experiências pela mídia, buscando sensibilizar a população. Interessante seria um projeto do tipo "Paróquias Irmãs", onde uma paróquia em melhores condições colaboraria com outra em situação de maior dificuldade.

135. A missão do leigo na sociedade apresenta-se hoje à consciência cristã como uma forma de evangelização, em que **aspectos diversos podem ser acentuados, conforme o apelo das circunstâncias e a vocação pessoal de cada um**: quer na transformação das realidades terrestres, pela ação social e política, quer no anúncio da mensagem evangélica pela palavra, pelo testemunho de vida e pelo diálogo, sempre em atitude de serviço inspirada pelo Cristo, que veio para servir.

---

216. Cf. At 4,34.

3. DIÁLOGO COM AS CULTURAS E OUTRAS RELIGIÕES

136. A certeza de que o Espírito Santo está presente nas mais diversas Igrejas, religiões e culturas leva a comunidade eclesial a **buscar no diálogo com elas o conhecimento mútuo, o aprofundamento da verdade e a parceria na construção de uma nova sociedade**, que supere todas as discriminações e dominações. Ressalta-se aqui a grande responsabilidade do cristão leigo, por estar em permanente relação com pessoas de diferentes religiões e culturas. Constata-se, porém, que no campo do diálogo com a cultura moderna e com as outras religiões, estamos apenas começando e temos longo caminho a percorrer. O leigo cristão deve ter iniciativa própria e postura pessoal de abertura, diálogo, cooperação e valorização do diferente.

137. Por outro lado, evidencia-se para todos a existência de uma sociedade profundamente marcada pelo **pluralismo cultural e religioso**. Esse fenômeno pode ser localizado, com freqüência, até mesmo no seio das famílias católicas, onde os costumes e a religião dos pais já não são transmitidos tranqüilamente para os filhos. Desse contexto emerge o imperativo do diálogo como condição para o anúncio autêntico e eficaz do Evangelho.

138. Cresce, por isso, a consciência da necessidade de acompanhamento sério dos cristãos, no sentido de ajudá-los a **desenvolver aquelas disposições que tornam o diálogo autêntico e proveitoso**: "equilíbrio, que une abertura e realismo; convicção, que permite expressar com sinceridade e integridade a própria fé; busca do aprofundamento da verdade, inclusive da compreensão mais com-

pleta da própria fé; disposição para acolher com gratidão os dons de Deus e os frutos do próprio diálogo".[217] Não deve faltar também justa disposição para reconhecer os próprios erros.

139. No diálogo com os homens e mulheres de boa vontade, o leigo católico esforçar-se-á por perceber, compreender ou interpretar **as interrogações e os anseios dos que buscam a Verdade e o encontro com Deus**. Aqui também os caminhos ou as mediações são importantes, num mundo em que às vezes a pessoa do Cristo vivo e a mensagem cristã estão obscurecidas pelos pecados dos próprios cristãos, por suas violências e crimes cometidos ao longo da história.[218]

140. Ganham corpo também junto aos leigos algumas **experiências concretas de ecumenismo** em cursos, seminários e sobretudo na atuação em áreas de necessidades fundamentais para o resgate da cidadania. Crescente adesão tem recebido a "Semana de Oração pela Unidade dos Cristãos".

141. O Papa João Paulo II é grande promotor da aproximação dos cristãos e dos povos, no afã de favorecer, em nível mundial, a superação definitiva do espírito bélico e a vivência efetiva da paz. Na *Tertio Millennio Adveniente*, o Santo Padre propõe como **meta do Grande Jubileu a união dos cristãos** ou, pelo menos, maior aproximação entre eles[219]. Esta é também a intenção da Igreja no Brasil,

---

217. Cf. DGAE, 209.

218. Cf. TMA 33-36. O Papa afirma que a Igreja não deve deixar "de lastimar profundamente a fraqueza de tantos filhos seus, que lhe deturparam o rosto, impedindo-o de refletir plenamente a imagem do seu Senhor crucificado" (TMA 35).

219. Cf. TMA 34.

ao propor para o ano dois mil a Campanha da Fraternidade ecumênica, com o tema "Dignidade Humana e Paz" e com o lema "Um novo Milênio sem Exclusões".

142. Nessas e noutras iniciativas procuraremos agir, não sozinhos, mas sempre em diálogo e comunhão com os irmãos de outras Igrejas. Já nos valemos da **experiência do Conselho Nacional de Igrejas Cristãs (CONIC)** para ampliar a consciência e o movimento ecumênico em nosso País.

143. Tudo isso torna cada vez mais urgente **a boa formação de cristãos leigos aptos para o diálogo com a cultura moderna** e para o testemunho da fé numa sociedade que se apresenta sempre mais pluralista e, em muitos casos, indiferente ao Evangelho.

4. ANÚNCIO DO EVANGELHO

144. O maior desafio missionário, no Brasil hoje é a **nova evangelização**. A grande maioria dos brasileiros recebeu o batismo e um anúncio, pelo menos elementar, do Evangelho. Apesar disso, percebe-se que não está vivendo a fé com tal convicção que influencie seu modo de vida. Com acerto, as **Diretrizes Gerais da Ação Evangelizadora** afirmam que "os católicos não-praticantes constituem o maior desafio missionário... ao menos do ponto de vista quantitativo"[220]. Essa situação origina-se principalmente do fato de as famílias e o ambiente sóciocultural já não conseguirem comunicar a fé às novas gerações, que portanto **precisam ser novamente evangeli-**

---

220. Cf. DGAE — 1995-1998, 230.

zadas, a partir agora do contexto moderno e urbano, diferente do contexto rural e tradicional, que antigamente conservava a religiosidade.

145. Tempos atrás, as missões se impuseram, em todo o País, como necessárias para avivar a fé do povo, que vivia isolado, e para renovar as convicções que davam sentido à sua vida e orientavam a sua caminhada. Hoje porém, **a situação mudou**. As pessoas não vivem isoladas, mas no meio da multidão, na cidade, ou em contato com o mundo inteiro, através da televisão. O que escutam e vêem, o mais das vezes, é incentivo a pensar em si mesmas, a desejar um pouco de tudo — principalmente os bens materiais, o bem-estar, "a felicidade de ter" isto ou aquilo — e a esquecer-se dos outros, talvez até de Deus. Nunca houve tanta informação como hoje e tão pouca comunicação entre as pessoas. Essa situação provoca a busca de novos métodos na evangelização que ajudem o povo a resgatar o sentido mais profundo de sua vida e a razão de sua fé.

146. A consciência da necessidade de uma nova evangelização mais ardorosa e mais inculturada, sustentada pelo Projeto *Rumo ao Novo Milênio*, tem suscitado **significativo movimento missionário**, que vai desde a realização de missões em áreas pouco atendidas pastoralmente até à difusão de experiências comunitárias, à pregação itinerante, à fundação de círculos bíblicos ou de "grupos de rua", às missões populares de avivamento da fé no meio da massa dos fiéis.

147. Por todo o País multiplicam-se as experiências das missões populares. Através delas, tem-se buscado revalorizar e purificar a religiosidade popular e, ao mesmo tempo, articular melhor fé e vida. O Projeto *Rumo ao*

Novo Milênio, em comunhão com organismos missionários, desenvolvem novas práticas no âmbito da **formação de evangelizadores** e incentiva as Igrejas Particulares a exercitarem a criatividade na implantação das mais diversas formas de missão, tanto na zona rural quanto nas áreas urbanas.

148. A exigência do anúncio da Boa Nova tem encontrado, nas comunidades, movimentos e pastorais, significativa e crescente receptividade. Papel significativo têm desempenhado os **santuários**, que reforçam a fé e a esperança dos romeiros, ajudando-os a articular fé e vida e remetendo-os ao engajamento nas comunidades de origem. Destacam-se ainda os eventos promovidos pelas CEBs e pelos diversos movimentos eclesiais, que avivam o fervor de muitos fiéis.

149. O **ministério da visitação** está produzindo muitos frutos nas comunidades. Os agentes de pastoral visitam as famílias, especialmente em ocasiões como nascimentos, doenças, mortes, e encontram as pessoas onde elas vivem, trabalham, mesmo aquelas que não procuram espontaneamente a comunidade eclesial.

150. Esse ministério é completado pela **prática do aconselhamento**. Pessoas com habilidade e preparo procuram escutar, compreender, apoiar, orientar e consolar as pessoas que se encontram na dúvida ou em dificuldades afetivas, espirituais e materiais. Algumas dessas práticas foram realizadas pioneiramente por movimentos que hoje apontam para todos este caminho, por certo essencial para tornar a nossa Igreja acolhedora e misericordiosa.

151. Têm também um papel missionário marcante as iniciativas comunitárias e os movimentos que **possibili-**

tam autêntica experiência religiosa, de encontro com o Cristo Vivo, às pessoas que estão afastadas das comunidades eclesiais. Toda comunidade deve hoje cuidar, de modo muito particular, de que suas celebrações e reuniões se constituam em lugar da experiência de Deus, como Paulo pedia aos Coríntios[221].

152. Junto com o testemunho dado pelas comunidades, é importante frisar o **papel do apostolado individual e do testemunho de cada cristão** no coração do mundo, em sua inserção nas atividades "temporais" ou "seculares", como "o mundo vasto e complicado da política, da realidade social e da economia, como também o da cultura, das ciências e das artes, da vida internacional, dos meios de comunicação e, ainda, outras realidades abertas para a evangelização, como o amor, a família, a educação das crianças e dos adolescentes, o trabalho profissional e o sofrimento. Quanto mais leigos houver impregnados do Evangelho, responsáveis em relação a tais realidades, [...] tanto mais essas realidades, sem nada perder ou sacrificar do próprio coeficiente humano, mas patenteando uma dimensão transcendente para o além, não raro desconhecida, se virão a encontrar a serviço da edificação do reino de Deus e, por conseguinte, da salvação em Jesus Cristo"[222]. "A síntese vital, que os fiéis leigos souberem fazer entre o Evangelho e os deveres cotidianos da vida, será o testemunho evangelizador mais maravilhoso e convincente"[223]. "Com esta forma de apostolado (individual), a irradiação do Evangelho pode tornar-se mais *capilar,* che-

---

221. Cf. 1Cor 14, 25.
222. EN, 70.
223. CfL, 34.

gando a tantos lugares e ambientes quanto os que estão ligados à vida cotidiana e concreta dos leigos. Trata-se, além disso, de uma irradiação *constante*, estando ligada à contínua coerência de vida pessoal com a fé; e também uma irradiação particularmente *incisiva,* porque, na total partilha das condições de vida, do trabalho, das dificuldades e esperanças dos irmãos, os fiéis leigos podem atingir o coração dos seus vizinhos, amigos ou colegas, abrindo ao horizonte total, ao sentido pleno da existência: a comunhão com Deus e entre os homens"[224]. **Assim, os leigos serão "sal da terra" e "fermento na massa"**[225].

153. Constata-se também que há um número sempre crescente de leigos e leigas assumindo **missões em áreas longínquas e até mesmo além das fronteiras** do nosso País. No espírito do Jubileu, que nos convida a cancelar as dívidas, as comunidades eclesiais no Brasil são chamadas a repartir melhor seus recursos humanos e materiais com as comunidades mais carentes, em particular, partilhando o esforço missionário com a Igreja da Amazônia. Nesta partilha entre irmãos, tanto se beneficia quem recebe quanto aquele que dá[226].

154. A divisão entre os cristãos "contradiz abertamente a vontade de Cristo e se constitui em escândalo para o mundo, como também prejudica a santíssima causa da pregação do Evangelho a toda criatura"[227]. **Os desafios missionários do mundo contemporâneo exigem dos cristãos o testemunho de uma fé amadurecida,** que os

---

224. CfL, 28.
225. Cf. Mt 5,13; 13,33.
226. Cf. 2Cor 9, 6-14.
227. UR 1.

torna capazes de se reencontrar para além dos conflitos e tensões. O **testemunho ecumênico** pode ser dado na própria atividade missionária. Ultimamente as experiências das missões populares e do ministério da visitação têm mostrado a urgência desse testemunho. "O missionários católicos deverão respeitar com todo cuidado a fé viva das outras Igrejas e Comunidades Eclesiais que pregam o Evangelho e deverão alegrar-se de que a graça de Deus frutifique entre seus membros"[228]. Os católicos podem agregar-se também a organizações e programas que dêem um apoio comum às atividades missionárias de todas as Igrejas participantes[229].

155. Permanecem, porém, **desafios missionários mais amplos e árduos**. No momento atual, a grande procura de religiosidade não pode esconder o fato que ela, em grande parte, não ultrapassa a esfera da vida privada. Os meios econômico, político, científico, profissional são, ao contrário, fortemente secularizados. Eles prescindem da dimensão religiosa da vida, pois a consideram irrelevante para suas finalidades. Os cristãos que atuam nesses meios vivem o drama do conflito de consciência entre as exigências do sistema econômico, político e profissional, e as convicções éticas de inspiração cristã. Por outro lado, o sistema econômico-político exerce poderosa influência, através dos meios de comunicação de massa, sobre a cultura e a mentalidade do povo. Eles constituem um "moderno areópago", onde é urgente a presença de apóstolos competentes e corajosos[230].

---
228. *Diretório Ecumênico*, 206.
229. Cf. *Diretório Ecumênico,* 207.
230. Cf. RMi, 37c; EA, 72.

5. VIVÊNCIA E TESTEMUNHO DA COMUNHÃO ECLESIAL

156. A comunidade eclesial é missionária, pela sua própria existência. Ela deve dar **testemunho de comunhão fraterna** e daquela unidade com o Pai, pelo Filho e no Espírito, que é necessária "para que o mundo creia"[231]. Para isso, ela se alimenta permanentemente da **Palavra de Deus** e da **Liturgia**. O Concílio Vaticano II reconheceu o valor central dessas duas fontes de vida cristã e a elas dedicou as constituições *Dei Verbum* e *Sacrosanctum Concilium*. Contribuiu assim para a profunda renovação da liturgia e a ampla divulgação e leitura da Bíblia entre os católicos. Aspecto importante dessa renovação foi a revalorização dos carismas e a nova repartição das tarefas e ministérios destinados a tornar mais acessíveis à comunidade as riquezas da Palavra e da Liturgia.

157. O Concílio Vaticano II ajudou a Igreja latina a redescobrir a presença do **Espírito Santo**, quer valorizando os **carismas**[232], quer ressaltando-lhe a atuação na origem e na missão da Igreja.[233] O sacramento da **Confirmação** é como que o "pentecostes" do cristão batizado que o consagra permanentemente para a missão no seio do povo de Deus. "Pelo sacramento da Confirmação são vinculados mais perfeitamente à Igreja, enriquecidos de especial força do Espírito Santo e assim mais estreitamente obrigados à fé que, como verdadeiras testemunhas

---

231. Cf. Jo 17,21.
232. Cf. LG 12.
233. Cf. LG 4. Confira também as inúmeras referências ao Espírito Santo indicadas pelo índice analítico dos documentos do Concílio.

de Cristo, devem difundir e defender tanto por palavras como por obras"[234]. Para um laicato consciente é de capital importância a convicção de ter sido marcado, com um caráter indelével, pelo selo do Espírito, enviado por Cristo de junto do Pai, e derramado sobre a sua Igreja, para permanecer com ela até o fim dos séculos. Sem essa **mística**, torna-se difícil para os leigos dar à ação pastoral "um novo impulso, capaz de suscitar, numa Igreja ainda mais arraigada na força e na potência imorredouras de Pentecostes, tempos novos de evangelização"[235].

158. Desde o Concílio Vaticano II aconteceu na Igreja amplo florescimento de **ministérios**, assumidos pelos leigos em virtude dos sacramentos do Batismo e da Crisma e da variedade de carismas. Esse florescimento de novos ministérios foi aprovado e encorajado pelo papa Paulo VI na *Evangelii Nuntiandi* (1975) e pelo papa João Paulo II, particularmente na *Christifideles Laici*.[236] Desde então, a Igreja tem regulado o exercício de alguns dos novos ministérios, como veremos a seguir.

159. O Código de Direito Canônico prevê, no cânon 517, § 2, em casos excepcionais, a nomeação de leigos para **participar do cuidado pastoral de uma paróquia**, que porém continua confiada ao governo de um presbítero como pároco. Leigos e leigas integrem uma equipe pastoral que ajude o pároco no desempenho de suas responsabilidades. Entre nós, leigos e leigas assumem, em grande escala, o serviço de animação das pequenas comunidades ou comunidades eclesiais de base, em que se

---

234. Cf. LG 11. Confira também LG 33b e AA 3a.
235. Cf. EN 2.
236. CfL 23.

articulam muitas das paróquias, especialmente nas regiões rurais e nas periferias urbanas.

160. Na tradição cristã, o **ministério da Palavra** é o primeiro ministério, pois é chamado a suscitar a fé e a educá-la[237]. Em nosso País, são particularmente numerosas as **celebrações dominicais da Palavra**, presididas por leigos e leigas, que se esforçam por desempenhar esta função na fidelidade ao Evangelho e atendendo às orientações da Igreja e do bispo diocesano.[238]

161. Muitos outros leigos e leigas, especialmente os catequistas, cuidam da educação da fé de crianças, jovens e adultos, desempenhando o ministério da **catequese**, com o apoio da paróquia e da diocese. Hoje, a catequese supre muitas vezes a falta de educação da fé por parte da família. A catequese já não conta com o apoio de um ambiente cristão e se vê desafiada pela cultura atual. Por isso, é tanto mais necessária uma boa formação dos catequistas. Em muitos lugares desenvolve-se a catequese de adultos, para os quais é necessário oferecer um itinerário de fé adequado às circunstâncias atuais. Não esqueçam, porém, os leigos que, acima de tudo, podem e devem exercer a vocação profética recebida no batismo, pelo exemplo e a palavra, em sua vida quotidiana e onde o Espírito os chamar.

162. Os leigos participem dos **conselhos pastorais e econômicos**, em nível diocesano, paroquial e comunitário. Reiteramos o convite a dioceses e paróquias, que

---

237. Cf. Rm 10,14-15.

238. Cf. *Diretório para as celebrações dominicais na ausência de presbítero* da Congregação para o Culto Divino, 10.6.1988; *Orientações para a celebração da Palavra de Deus,* documento da CNBB n. 52, 1994.

ainda não tenham instituído esses conselhos, para que os promovam como eficiente instrumento de participação do povo de Deus. Cuide-se, outrossim, que eles sejam realmente representativos da comunidade[239].

163. Continue-se a experiência já bastante difundida e proveitosa em nosso País dos **ministros extraordinários da Sagrada Comunhão**. No exercício deste ministério, prestem preciosa colaboração na **assistência espiritual aos enfermos e idosos**. Esse serviço laical torna-se ainda mais necessário e urgente, se considerarmos que uma parcela significativa do povo morre sem o conforto do sacramento da Unção dos Enfermos. Cuide-se também de oferecer a esses ministros formação e acompanhamento adequados.

164. A prática, em muitos lugares, de se confiar a fiéis leigos o **ministério do Batismo** tem-se revelado pastoralmente valiosa. Ela poderia ser estendida a outras comunidades, com autorização do bispo diocesano. Incentivamos as comunidades a cuidar com particular zelo da pastoral do batismo, sacramento que todos os pais católicos procuram para seus filhos e que é, portanto, ocasião preciosa de contato com todas as famílias, mesmo aquelas que não freqüentam assiduamente a Eucaristia ou outros sacramentos.[240]

165. Em algumas regiões do País, verifica-se a atuação de fiéis como testemunhas qualificadas do Sacramento do

---

239. Cf. acima n. 121.

240. Confira as disposições relativas ao ministros extraordinários do Batismo e aos Assistentes Leigos do Matrimônio na "Instrução acerca de algumas questões sobre a colaboração dos fiéis leigos no sagrado ministério dos sacerdotes" (1997), disposições práticas, art. 10 e 11.

Matrimônio, isto é, **Assistentes Leigos do Matrimônio**. Esse ministério pode ser pastoralmente mais proveitoso quando inserido num processo de pastoral familiar, que prepare e acompanhe os casais. E é tanto mais necessário quanto mais difícil for a situação pastoral.

166. As **exéquias** constituem-se num momento pastoral privilegiado, porque todos estão, nesta hora, mais abertos à mensagem da fé. Sua celebração pode ser confiada a ministros não ordenados que, em nome da Igreja, nessa ocasião dão testemunho de esperança, de solidariedade e de conforto.

167. Os ministérios até aqui citados estão regulados por normas da Igreja universal e possuem muitas vezes longa tradição. Mas as mudanças recentes nas situações sociais e culturais de nosso País, além de situações particulares ou regionais, têm favorecido a criação e ainda poderão suscitar **outros tipos de serviços pastorais**, que respondam às necessidades das pessoas e comunidades.

168. A grande mobilidade de pessoas e famílias e, por outro lado, a solidão e o isolamento de que sofrem muitas pessoas no meio urbano têm incentivado recentemente as comunidades a criar e valorizar o **ministério da acolhida**, que visa a receber pessoas novas na comunidade ou a oferecer oportunidades de escuta e de aconselhamento para as pessoas que se sentem sozinhas ou desorientadas.

169. A crescente busca de espiritualidade e de oportunidades de oração comunitária suscita a procura e a formação de **animadores de grupos** de oração, de retiros, de círculos bíblicos e de grupos de reflexão, de celebrações de louvor ou penitenciais (não sacramentais), de reza do terço, de animação da música e do canto religioso.

Além dos ministérios litúrgicos já citados acima, é notável a difusão das equipes que cuidam da preparação da missa dominical e da celebração dos diversos sacramentos, favorecendo uma participação viva do povo e celebrações de cunho mais pastoral e catequético.

170. Constata-se, com alegria, que cresce na Igreja do Brasil o número de **teólogas** e **teólogos leigos** que assumem a missão da assessoria teológica junto às comunidades, da reflexão sistemática da fé e do ensino nas mais diversas escolas teológicas do País. Multiplicam-se os cursos de teologia para leigos, distintos na duração e no nível, mas todos procurando dar uma formação mais aperfeiçoada e sistemática da fé. É necessário, portanto, investir mais recursos na formação dos leigos, seja através de bolsas de estudo, seja remunerando convenientemente as atividades de ensino e pesquisa.

171. As difíceis condições econômicas do povo têm gerado uma preocupação de administrar com eficiência os escassos recursos das comunidades, para assegurar, da melhor forma possível, a construção de Igrejas, capelas e centros comunitários, a sustentação dos ministros, a dignidade do culto e assistência aos pobres. Neste **serviço de administração**, destacam-se muitos leigos e leigas que zelam pelo bem da comunidade. Outros profissionais prestam, gratuitamente, serviços de assessoria administrativa e jurídica ou no campo da comunicação social, auxiliando pastorais e organismos eclesiais, paroquiais ou diocesanos. Todos esses serviços merecem apoio para o seu desenvolvimento.

172. Outra prática que se vem tornando comum em nossas comunidades é a de substituir as espórtulas pela

pastoral do Dízimo, que organiza a sustentação financeira dos ministros e das atividades pastorais, desvencilhando-a de uma vinculação demasiadamente estreita com os sacramentos. Recomenda-se fundamentar biblicamente a prática do dízimo e destinar sua arrecadação prioritariamente às pessoas e atividades pastorais, prestando contas à comunidade das entradas e das despesas.

173. É importante que jovens e adultos continuem a assumir a iniciativa de reunir **grupos de jovens** e de lhes proporcionar oportunidades de formação, crescimento, opção vocacional e engajamento. Incentive-se, ainda, a criação de grupos de adolescência e infância missionárias. Esta tarefa exige paciência e perseverança, porque os grupos se renovam e mudam muito rapidamente. Outros devem dedicar-se a tarefas mais especializadas no campo da educação ou do ensino religioso.

174. Finalmente, leigos e leigas assumem **funções de coordenação pastoral**, a pedido das comunidades ou dos respectivos organismos pastorais. Os conselhos ou coordenações comunitárias, paroquiais e diocesanas são espaço para o exercício desse ministério. Cabe-lhes zelar para que os diversos serviços trabalhem em harmonia e não falte à comunidade ou organização nada daquilo de que precisa. Funções de coordenação em nível paroquial, de setor e de diocese, podem exigir dedicação maior, até, às vezes, tempo integral. A criação de coordenadores pastorais, em diversos níveis, tem sido uma condição imprescindível de êxito do planejamento que caracteriza a ação pastoral no Brasil desde a década de sessenta.

6. FORMAÇÃO, ESPIRITUALIDADE E ORGANIZAÇÃO

175. A eficaz atuação dos leigos na evangelização exige profunda e séria preparação, com a finalidade de favorecer o amadurecimento e o exercício da liberdade e dos carismas. O leigo necessita, igualmente, de vida interior e espírito de responsabilidade. Isso supõe **formação espiritual** adequada, tanto mais que o ambiente cultural da sociedade atual freqüentemente é orientado em sentido contrário aos valores cristãos. É portanto necessário criar condições para que os leigos católicos encontrem mais facilmente os caminhos da descoberta e do aprofundamento de uma **espiritualidade cristã**, baseada na oração pessoal e comunitária, na leitura da Bíblia e na vida sacramental, capaz de sustentá-los em sua atuação no mundo — na realidade da família, da educação, do trabalho, da ciência, da cultura, da política, dos compromissos sociais e civis — para testemunhar o Evangelho e transformar a sociedade.

ESPIRITUALIDADE DO CRISTÃO

176. A espiritualidade de leigos e leigas é, antes de tudo, **o caminhar nas estradas da vida, com Cristo**, no vigor do Espírito Santo, ao encontro do Pai, construindo seu Reino. Os discípulos e discípulas de Jesus hoje são como os discípulos de Emaús: pessoas a caminho, desalentadas, mas que encontraram um desconhecido que as acompanha e faz arder-lhes o coração, enquanto lhes fala das Escrituras. Quando solicitam que permaneça com eles,

finalmente o reconhecem no gesto de partir o pão[241]. Depois deste reconhecimento, voltam para anunciar aos outros: "Aquele que morreu está vivo!".

177. Hoje, como naquele tempo, as pessoas que se sentem chamadas, "vocacionadas" ao seguimento de Jesus, desinstalam-se, entram na caminhada, para fazer a experiência de sua presença e permanecer unidas a Ele, à sua palavra, ao seu amor[242] e, então, partir para anunciá-lo ao mundo. Por isso, **a espiritualidade do seguimento é fundamental** para a vivência cristã. O Espírito ensina-nos o verdadeiro seguimento de Jesus e suscita hoje uma espiritualidade mais integrada, onde todas as dimensões humanas são contempladas: a corporeidade, a afetividade, a emoção, a racionalidade, a criatividade e a sociabilidade.

178. Os discípulos de Emaús caminharam junto com Jesus, experimentaram sua presença, acolheram o sentido da cruz e regressaram à comunidade, animados e encorajados. Esse encontro com Jesus é **experiência do Mistério** que nos circunda e envolve, que aquece os corações, que seduz as pessoas, proporcionando um sentido novo às nossas vidas. A paixão por Jesus nos leva a viver a compaixão, a solidariedade e a fazer da partilha fraterna nosso estilo de vida.

179. A espiritualidade não é "uma parte da vida, mas **a vida inteira guiada pelo Espírito**" de Jesus. "Entre os elementos de espiritualidade que todo cristão deve assumir como próprios, destaca-se a oração. A oração o levará, aos poucos, a ver a realidade com um olhar contempla-

---
241. Cf. Lc 24,29-33.
242. Cf. Jo 15,1-15.

tivo, que lhe permitirá reconhecer a Deus em cada instante e em todas as coisas; de contemplá-lo em cada pessoa; de procurar cumprir sua vontade nos acontecimentos"[243].

180. **A espiritualidade não afasta da vida cotidiana.** Especialmente leigos e leigas devem buscar a santidade dentro de suas próprias condições de vida. É o que ensina o Concílio Vaticano II. Após ter afirmado com vigor a vocação de todos os fiéis à santidade,[244] a Constituição *Lumen Gentium* propõe alguns itinerários espirituais não apenas a ministros e consagrados, mas também aos esposos e pais, aos trabalhadores, aos pobres, aos sofredores, aos perseguidos pela justiça, concluindo: "Todos os fiéis santificar-se-ão dia a dia, sempre mais, nas diversas condições da sua vida, nas suas ocupações e circunstâncias, e precisamente através de todas essas coisas, desde que as recebam com fé das mãos do Pai celeste, e cooperem com a vontade divina, manifestando a todos, no próprio serviço temporal, a caridade com que Deus amou o mundo"[245].

181. A convivência cotidiana em **família** é o **espaço primeiro** para viver esta espiritualidade, procurando confrontar a própria vida com a vida e as opções de Jesus de Nazaré, que "passou fazendo o bem"[246], numa atitude de total abertura ao Pai e aos irmãos. Certamente, a experiência da família embebida desta espiritualidade será diferente. A vivência de relações igualitárias, promotoras de respeito à dignidade e às diferenças, possibilitará um

---

243. EA, 29a.
244. Cf. LG, 40.
245. Cf. LG 41g.
246. Cf. At 10,38.

real diálogo e participação de todos os membros, criando desta forma possibilidades para uma inserção criativa e crítica na sociedade.

182. O Papa Paulo VI denuncia a gravidade da ruptura entre fé e vida, entre evangelho e cultura[247]. João Paulo II convida os leigos e leigas a **estabelecerem a unidade de vida** sustentada pela espiritualidade. "Não pode haver na sua existência duas vidas paralelas: por um lado, a vida chamada 'espiritual', com seus valores e exigências; e, por outro, a chamada vida 'secular', ou seja, a vida da família, do trabalho, das relações sociais, do empenho político e da cultura. [...] Toda atividade, toda situação, todo compromisso — como, por exemplo, a competência e a solidariedade no trabalho, o amor e a dedicação na família e na educação dos filhos, o serviço social e político, a proposta da verdade na esfera da cultura — são ocasiões providenciais de um contínuo exercício da fé, da esperança e da caridade".[248] Leigos e leigas fazem do fogão, do torno, da cátedra, da enxada, do bisturi... verdadeiro altar. Imersos no mundo do trabalho, encontram inspiração no testemunho de Jesus de Nazaré, o filho do carpinteiro e em Maria servindo a prima Isabel.

183. **Maria**, "a primeira entre os humildes e os pobres do Senhor"[249], **a primeira discípula de Jesus**, nos orienta no seguimento de seu Filho, integrando a docilidade ao Espírito[250] e o serviço generoso às irmãs e irmãos[251]. Os

---
247. Cf. EN, 20.
248. Cf. CfL 59.
249. LG 55.
250. Cf. Lc 1,26-38.
251. Cf. Lc 1,39-45.

acontecimentos eram, por ela, considerados à luz da própria experiência, da Palavra de Deus, da atenção à vida e à história. Exemplo disso é o Magnificat onde louva e bendiz a Deus pelas maravilhas que Ele realizou na sua vida, na vida do seu Filho e na vida do seu povo[252]. Discípulos e discípulas hoje reconhecerão que Maria é modelo de reflexão sobre a vida à luz da fé. Mulher corajosa, que disse sim a Deus e não às injustiças, ao proclamar que Deus é vingador dos humildes e dos oprimidos e derruba do trono os poderosos. Mulher forte, "que conheceu de perto a pobreza, o sofrimento, a fuga e o exílio — situações estas, que não podem escapar à atenção de quem quiser secundar, com espírito evangélico, as energias libertadoras do homem e da sociedade"[253].

184. A espiritualidade do seguimento de Jesus, vivida por suas **testemunhas** — mártires, místicos e simples fiéis[254] — impressiona e inspira a vida e a prática de

---

252. Cf. Lc 1,46.55.

253. PAULO VI, *Marialis Cultus,* 37.

254. Destacamos os santos casados, na sua maioria leigos e leigas, conforme os elenca D. Estêvão Bettencourt (PR, 423/1997, pp. 383-384):

Maridos Santos: Gregório de Nissa († 394), Paulino de Nola († 431), Estêvão, rei da Hungria († 1038), Omobono de Cremona († 1197), Luís IX, rei da França († 1272), Nicolau de Flüe, patrono da Suíça († 1487), Tomás Moro, Ministro do rei Henrique VIII da Inglaterra († 1535), isto sem contar os Apóstolos, dos quais alguns devem ter sido casados, como foi São Pedro, cuja sogra é mencionada no Evangelho (cf. Mc 1, 29s).

Viúvos Santos: Raimundo Zanfogni († 1200), Henrique de Bolzano († 1315), o Bem-aventurado Bartolo Longo († 1926).

Esposas Santas: Perpétua de Cartago († 202), Margarida da Escócia († 1093), Gentil Giusti († 1530), Anna Maria Taigi († 1937).

muitos cristãos e cristãs, que buscam ser presença solidária com a dor dos mais sofridos e procuram estar atentos aos sinais dos tempos, que desafiam a uma presença qualitativamente distinta na sociedade.

185. Nessa perspectiva, valorizem-se as **experiências já adquiridas**, promova-se o intercâmbio entre pessoas e grupos que estão em busca de uma nova espiritualidade, facilite-se **o acesso às fontes da grande tradição espiritual cristã**, criem-se ou reorganizem-se centros de estudo e de vivência espiritual.

FORMAÇÃO E ORGANIZAÇÃO

186. A formação de que o leigo católico precisa para atuar conforme sua vocação, desenvolvendo a riqueza dos dons e talentos recebidos, não é apenas uma formação espiritual. É **formação integral**, que ajuda a desenvolver a dimensão humano-afetiva, a capacidade de comunicação e relacionamento com os outros, a capacidade de compreender, discernir e avaliar, a perseverança no compromisso e a fidelidade aos valores.

Viúvas Santas: Mônica, mãe de Santo Agostinho († 387), Isabel, rainha da Hungria († 1231), Edviges da Silésia († 1234), Ângela de Foligno († 1309), Elisabete, rainha de Portugal († 1336), Brígida da Suécia († 1373), Francisca Romana († 1440), Rita de Cascia († 1456), Catarina Fieschi Adorno († 1510), Joana Francisca Frémyot de Chantal († 1641), Luísa de Marillac († 1660), Elisabete Bayley Seton († 1821).

Casais Santos: Henrique Imperador da Alemanha († 1024) e Cunegundes; Isidoro († 1130) e Maria Toribia; Lucchese (Séc. XIII) e Buonadonna.

187. As "Diretrizes Gerais da Ação Evangelizadora" de 1999-2002 traçam as seguintes orientações para a **formação dos leigos**:

a) seja programada e sistemática, não apenas ocasional;

b) ligue o aspecto antropológico e o teológico, não sendo apenas uma reprodução empobrecida da teologia dos seminários;

c) seja integrada e tenha como ponto de partida os problemas e perguntas dos leigos, oferecendo-lhes respostas para uma presença cristã no mundo;

d) seja orientada predominantemente para a atuação nas transformações sociais, onde o testemunho dos leigos é especialmente qualificado;

e) desenvolva especialmente a capacidade de comunicação e diálogo, aprimorando o relacionamento humano;

f) seja diversificada e, nos seus métodos, tempos e conteúdos, seja adaptada à diversidade de situações e tarefas dos cristãos leigos. Especial atenção merece a formação dos cristãos que atuam no campo da vida pública e política.

188. Na formação e nas atividades permanentes dos leigos merece destaque a dimensão ética. Recordamos como atual a indicação de *Puebla*, que solicita a participação dos leigos "construtores da sociedade pluralista" na **elaboração de uma ética social à altura das questões contemporâneas**: "A comunidade cristã conduzida pelo bispo estabelecerá a ponte de contato e diálogo com os construtores da sociedade temporal, a fim de iluminá-los com a visão cristã, estimulá-los com gestos significa-

tivos e acompanhá-los com atuações eficazes"[255]. "Neste contato e diálogo deve circular, numa atitude de escuta sincera e acolhedora, a problemática trazida por eles do seu próprio ambiente. Assim poderemos descobrir os critérios, normas e caminhos por onde aprofundar e atualizar a Doutrina Social da Igreja, no sentido da elaboração duma ética social capaz de formular as respostas cristãs aos grandes problemas da cultura contemporânea"[256].

189. Da parte da hierarquia e particularmente dos presbíteros, espera-se efetiva **disposição de acompanhar** os leigos e leigas que atuam nos diferentes campos de evangelização. Muitas vezes os leigos reclamam apoio espiritual e orientação, que lhes faltam. Os Bispos, presbíteros e diáconos sintam-se convocados pela Igreja a acolher a participação dos leigos/as em toda a vida de comunidade, respeitando sua missão própria, incentivando sua formação integral e apoiando seu crescimento. Além disso, cabe de modo especial aos Bispos a escolha de assessores eclesiásticos e diretores espirituais para os movimentos e organizações laicais, que sejam realmente idôneos e bem formados, para manterem os fiéis na sã doutrina, alimentando sua espiritualidade, aconselhando, estimulando, dialogando e promovendo a unidade eclesial[257]. Por outro lado, como lembramos citando o Concílio, os leigos "não pensem que seus pastores estão sempre de tal modo preparados que tenham uma solução pronta para qualquer questão"[258]. Em todo caso, leigos e pastores procurem

---

255. P. 1226.
256. P. 1227.
257. Cf. AA 25.
258. Cf. acima o n. 100 que cita GS 43.

sempre o diálogo sincero e a complementação de suas vocações e ações a serviço da evangelização.

190. "O protagonismo do cristão leigo requer profundas **mudanças no estilo do governo e no exercício da autoridade** por parte da hierarquia, para permitir e encorajar comunhão, a participação e a co-responsabilidade dos leigos na tomada de decisões pastorais, valorizando o voto dos conselhos pastorais e a presença ativa dos fiéis em Sínodos e Concílios particulares, conforme está previsto por documentos oficiais da Igreja"[259]. A *Christifideles laici* encoraja e afirma que "a participação dos fiéis leigos nesses conselhos (pastorais diocesanos) poderia aumentar o recurso à consulta, e o princípio de colaboração — que em determinados casos também é de decisão — encontrará uma aplicação mais vasta e mais incisiva".[260]

191. É desejável que em sua missão os cristãos leigos, superando eventuais divisões e preconceitos, busquem **valorizar suas diversas formas de organização, em especial os Conselhos de Leigos** em todos os níveis. Eles sejam lugar de encontro, serviço, troca de experiências e articulação das iniciativas pastorais, organismos e movimentos, na busca constante de diálogo, comunhão e unidade na diversidade de dons e carismas[261].

---

259. PRNM, 88.

260. CfL, 25.

261. Como sugere a diretriz de *Santo Domingo* (cf. SD, 98b), assumida também nas *Diretrizes Gerais da Ação Evangelizadora*: "Promover os **conselhos de leigos**, em plena comunhão com os pastores e adequada autonomia, como lugares de encontro, diálogo e serviço, que contribuam para o fortalecimento da unidade, da espiritualidade e da organização do laicato. Estes conselhos de leigos também são espa-

192. Desde 1976, por iniciativa da CNBB, a organização dos leigos é promovida pelo **Conselho Nacional de leigos e leigas católicos do Brasil (CNL)**, que atualmente articula 12 Conselhos Regionais, 80 Conselhos Diocesanos e 30 Movimentos e Pastorais organizados no plano nacional. O CNL se propõe principalmente:

- articular e integrar as organizações e os leigos e leigas católicos entre si, e representá-los junto aos organismos eclesiais e da sociedade civil;
- incentivar, ainda mais, a organização dos leigos e leigas católicos nos diferentes níveis da Igreja no Brasil e, assim, estimular a sua atuação;
- despertar nos leigos católicos a consciência crítica, à luz da evangélica opção pelos pobres, dando ênfase, em seu trabalho, à dignificação da pessoa humana e da família;
- incentivar a participação dos leigos e leigas católicos nos processos de planejamento, decisão, execução e avaliação da Ação Evangelizadora da Igreja no Brasil, fortalecendo a consciência da Igreja-Povo de Deus;
- criar e apoiar estruturas de formação e capacitação, que ajudem os leigos e leigas católicos a descobrirem sua identidade e missão com vista à construção de uma sociedade justa e fraterna;
- ser presença nos espaços sociais, políticos e culturais do País;

ço de formação e podem estabelecer-se em cada diocese e abarcar tanto movimentos de apostolado como os leigos que, estando comprometidos com a evangelização, não estão integrados em grupos apostólicos" (DGAE, 300).

- ser presença na caminhada ecumênica, incentivando a ligação e comunhão entre leigos e leigas católicos e de outras Igrejas cristãs, bem como estimular o diálogo inter-religioso com as demais tradições.

193. Finalmente, dioceses e paróquias favoreçam a **organização dos leigos** não somente dos que atuam em tarefas intra-eclesiais, mas também dos que se dedicam à transformação da sociedade. Criem espaços onde os leigos, com a necessária autonomia, possam realizar o intercâmbio de reflexão e de experiências e planejar ações comuns.

CONCLUSÃO

194. Temos a firme convicção que este documento, ao valorizar a missão e os ministérios dos cristãos leigos e leigas e ao conclamar toda a Igreja a acolher os dons do Espírito a serviço de sua vida e missão, muito contribuirá para a obra que Cristo nos confia: confessar, anunciar, servir e celebrar seu Nome, caminho de vida e esperança para todos.

195. Nele, procuramos contemplar a Igreja dos nossos melhores sonhos: Igreja fiel à Trindade, Igreja servidora do Evangelho, Igreja companheira de caminhada da humanidade, Igreja missionária, dialógica e ministerial.

196. É com este espírito e com este programa que queremos ingressar no terceiro milênio da história cristã e fazer memória dos quinhentos anos de nossa primeira evangelização.

197. Que o Espírito Santo infunda a sua força no coração de todos aqueles que abraçaram a missão de evangelizar e multiplique neles os seus dons. E que Maria Santíssima, modelo de fé, esperança e amor, mantenha viva em nós a disponibilidade ao Espírito e nos ajude a discernir os sinais da presença do Deus que "está realmente no meio de nós"[262].

---

262. 1Cor 14,25.

ÍNDICE

Siglas utilizadas 5

Apresentação 7

Introdução 15

I. DESAFIOS E SINAIS DOS TEMPOS 19

1. Desafios econômicos, sociais e políticos 20
2. Desafios culturais, éticos e religiosos 24
3. Força e fraquezas dos cristãos 30

II. A MISSÃO DO POVO DE DEUS FUNDAMENTOS TEOLÓGICOS 37

1. A missão 37
   — A Missão, obra de Deus 37
   — A Missão, serviço do Reino 38
   — Missão e diálogo 39
   — Missão é evangelização 40
   — A Nova Evangelização 41
   — A evangelização nas Diretrizes
     da Igreja no Brasil 42
   — Anúncio do Evangelho
     e sinais de solidariedade 44
   — A competência dos leigos 46

2. O Povo de Deus 47

   2.1. Igreja da Trindade Santa 47

   Mistério de Comunhão 48

   2.2. Povo de Deus 48

   a. Povo livre e fraterno 49
   b. Povo que abre caminho para o serviço 50
   c. Mais importante é o que nos une:
      a condição cristã 52
      • Participação na função profética 53
      • Participação na função sacerdotal 55
      • Participação na função real 58
   d. Uma só missão assumida por todos 62
   e. Unidade na diversidade 63
   f. Carisma, serviços e ministérios vários 63
      • Dom de Deus e busca humana 65
      • Carisma e ministério:
        distinguindo e unindo 65
      • Que se entende por ministério? 67
      • Tipologia dos ministérios 69
   g. Identidade teológica dos leigos e leigas 77
      • A novidade cristã 79
      • que distingue os leigos dos demais? 80
      • Suas múltiplas relações 81
      • A "índole secular" 82
      • "mundo" é sua vocação primeira 82
      • Sem exclusividade 84
      • Na Igreja e no mundo 85

   2.3. Hierarquia e laicato 86

   ... ou "comunidade-carismas e ministérios"? ... 87

III. COMUNIDADE EM MISSÃO DIRETRIZES PARA A EVANGELIZAÇÃO 91

1. Por uma comunidade profética, missionária, acolhedora, participativa e misericordiosa 92
2. Serviço e participação na transformação da sociedade pelo bem dos pobres 98
3. Diálogo com as culturas e outras religiões 104
4. Anúncio do evangelho 106
5. Vivência e testemunho da comunhão eclesial 112
6. Formação, espiritualidade e organização 119
   - Espiritualidade do cristão 119
   - Formação e organização 124

Conclusão 131

Impresso na gráfica da
Pia Sociedade Filhas de São Paulo
Via Raposo Tavares, km 19,145
05577-300 - São Paulo, SP - Brasil - 2018